怎样学好普通话丛书

JINFANGYANQU
ZENYANG XUEHAO PUTONGHUA

晋方言区
怎样学好普通话

教育部语言文字应用研究所
国家语委普通话与文字应用培训测试中心 组编

本册主编：乔全生

编　　写：余跃龙　李小萍　王晓婷　朱爱平

审　　读：白　云

中国教育出版传媒集团　语文出版社

·北京·

图书在版编目（ＣＩＰ）数据

晋方言区怎样学好普通话 ／ 教育部语言文字应用研
究所，国家语委普通话与文字应用培训测试中心组编. --
北京：语文出版社，2024.11
ISBN 978-7-5187-1609-8

Ⅰ．①晋… Ⅱ．①教… ②国… Ⅲ．①普通话－自学
参考资料 Ⅳ．①H102

中国版本图书馆CIP数据核字（2022）第190082号

责任编辑	王　琦	
装帧设计	刘姗姗	
出　　版	语文出版社	
地　　址	北京市东城区朝阳门内南小街51号　　100010	
电子信箱	ywcbsywp@163.com	
排　　版	北京九章文化有限公司	
印刷装订	北京鑫海金澳胶印有限公司	
发　　行	语文出版社　新华书店经销	
规　　格	890mm×1240mm	
开　　本	A5	
印　　张	6.75	
字　　数	168千字	
版　　次	2024年11月第1版	
印　　次	2024年11月第1次印刷	
定　　价	30.00元	

☎ 010-65253954（咨询）010-65251033（购书）010-65250075（印装质量）

前　言

我国宪法规定：国家推广全国通用的普通话。

新中国成立以来，在党中央、国务院坚强领导下，普通话推广工作蓬勃发展，取得举世瞩目的成就。2020年全国普通话普及率超过80%，实现了普通话在全国范围内基本普及、语言交际障碍基本消除的历史性目标。新时代新征程，坚定不移推广普及国家通用语言文字，向着全面普及的新目标稳步迈进，要聚焦重点，精准施策，着力解决推广普及不平衡不充分问题，不断提升国家通用语言文字普及程度和质量。为更好满足广大群众学习普通话、提高普通话水平的需求，教育部语言文字应用研究所、国家语委普通话与文字应用培训测试中心联合语文出版社，精心策划和组织编写了这套"怎样学好普通话丛书"。

本丛书是一套基础性、大众化的普通话学习用书，包括系统描述普通话语音、词汇、语法等知识的基础读本，以及针对不同方言区的专用读本。在保证内容表述科学规范的前提下，力求语言平实、深入浅出、通俗易懂。没有语言学专业基础的读者，通过学习基础读本，能够对普通话特别是普通话语音有比较系统的了解。不同方言区的读者，通过学习专用读本，可以比较熟练地掌握普通话与方言的对应规律，针对学习重点与难点进行练习，更快更好地提高普通话水平。

应邀参加本丛书编写、审读的专家学者，既有享有盛誉的著名语言学家，也有学有专长的知名专家和优秀青年学者。他们长期从事普通话教育教学及研究，具有扎实的专业理论功底和丰富的实践经验，对推广普通话满怀热忱，对编写和审读工作精益求精，保证了本丛书的科学性、专业性和实用性。谨向他们表示敬意和感谢！

教育部语言文字应用研究所

国家语委普通话与文字应用培训测试中心

目 录

| 第一章 |
晋方言概说

一、晋方言的地理分布

《中国语言地图集（第2版）》把晋方言定义为"山西省及其毗连地区有入声的方言"。从方言特征上讲，晋方言就是山西及其毗连地区有入声的方言。晋方言区共包括山西、陕西、内蒙古自治区、河北、河南的 194 个县市旗，面积仅小于官话区。目前，晋方言区的人口仅次于官话区和吴方言区，与闽方言区、粤方言区相当，其中山西省人口最多。

山西省地处黄河流域中部，东有巍巍太行山作天然屏障，与河北省为邻；西、南部以黄河为堑，与陕西省、河南省相望；北跨绵绵长城，与内蒙古自治区毗连。因地属太行山以西，故名山西。春秋战国时期属晋国地，故简称"晋"。战国初期，韩、赵、魏三分晋国，因而又称"三晋"。山西全省总面积 15.67 万平方公里，2019 年底常住人口为 3729.22 万人，辖 11 个设区市，117 个县级行政单位。从地理环境来看，山西省地处华北西部的黄土高原东翼，地貌从总体来看是一个被黄土广泛覆盖的山地高原，整个轮廓略呈由东北斜向西南的平行四边形。地貌类型复杂多样，有山地、丘陵、高原、盆地、台地等，其中山地、丘陵约占 80%，高原、盆地、台地等平川河谷约占 20%。

大部分地区海拔在 1000 米以上，与其东部华北大平原相对比，呈现为强烈的隆起形势。最高处为东北部的五台山叶斗峰，是华北最高峰；最低处为南部边缘运城垣曲县东南西阳河入黄河处。境域地势高低起伏异常显著，境内山峦叠嶂，丘陵起伏，沟壑纵横，总的地势是"两山夹一川"，东西两侧为山地和丘陵隆起，中部为一列串珠式盆地沉陷，平原分布其间，全省主体轮廓很像一个"凹"字形。相对封闭的地理环境造就了相对封闭保守的语言环境，这是晋方言区形成的自然条件，同时也是晋方言区与周边官话非同步发展的重要原因。

二、晋方言区的历史沿革

山西地处华北平原以西、黄河中游之东、内蒙古高原南侧，四周山河环绕，与邻省界限十分明显。其东和东南方，以太行山与河北、河南两省为界；西和西南方，隔黄河与陕西、河南两省相望；北方则以长城与内蒙古自治区相隔。史学家钱穆曾提出"周人来自山西"的观点，他认为周人始源于晋，之后越过汾河到达今河南地区。山西简称"晋"，三家分晋后"三晋"成为山西的别称。汉代以后，常以太行山为界来区分山东、山西、山左、山右地区，山西在太行之西、之右，于是便又有山西、山右之称。自唐以后，山西又因地处黄河中游山陕峡谷河段之东而被称为"河东"。考古发现，早在数十万年前，我们的祖先就在山西这块土地上繁衍生息，目前全省已发现旧石器时代文化遗址百余处，新石器时代文化遗址遍布全省。上古传说中的尧、舜、禹的都城都在今山西西南部（平阳、蒲坂和安邑）。山西省的南部在夏代就是夏人聚居和活动的重要地区。

山西历史上就是一个多民族集居的地区，在漫长的历史岁月中，山西成为我国北方民族大融合的重要基地，各族人民长期杂居，语言、文化之间的接触与交融势不可免。汉代匈奴一部投降汉朝，被置于云中、代郡（今大同附近）一线，与迁到当地的大量汉族居民共同生活，到汉末，这两个民族已融而为一。东汉初年，南匈奴归降汉朝，二十万众安置于今内蒙古自治区、山西与陕西北部及甘肃东部一带，东汉后期，又内徙到山西中部汾水流域一带，与汉人杂居。南北朝隋唐时，鲜卑、柔然、突厥、默啜、沙陀都曾在山西建立王朝或久占此地，与当地汉族融合。宋代以后，山西又是契丹、女真、蒙古、鞑靼各族角逐之地。这些历史都充分显示，自古以来山西就是一个多民族杂居融合的地区，研究这方面的有关史料有助于我们对现代晋方言的若干语言现象作出合理的解释。

三、晋方言的分区

（一）晋方言的传统分区

《中国语言地图集》对汉语方言分区的层次提出了全新的概念，把汉语方言分为十个区，在原七大方言区的基础上新提出晋方言区、徽方言区和平话区。晋方言是从官话方言（北方方言）中独立出来的，不包括山西境内的晋南地区方言（一般指的是中原官话汾河片）和山西东北部广灵方言（属冀鲁官话），也不包括山西及其毗邻地区以外的有入声的其他官话方言。

晋方言区主要包括太行山以西山西的北部、中西部、东南部，内蒙古中西部的黄河以东地区、陕西北部地区、河南北部地区、河北西部毗邻山西的地区，其方言特征是有入声调和促声韵。据2004年《中华人民共和国行政区划简册》统计数据，山西境内说晋方言的有82个县市，约2376万人。山西省外说晋方言的有：内蒙古自治区39个县市旗，约1062万人；陕西省19个县市，约437万人；河南省19

个县市，约 1104 万人；河北省 35 个县市，约 1326 万人。在这五个省区之中，晋方言的使用主体在山西省。其他地区的晋方言，与历史上山西移民或同属一个行政区有关。根据目前的研究，山西省境内除了晋方言之外，还有中原官话汾河片、冀鲁官话广灵县。中原官话汾河片，在山西省的西南部，紧邻关中地区，南部是中原地区，共有 28 个县市，640 多万人。河南省的灵宝、陕县和三门峡也属于汾河片，有 100 多万人。汾河片共计 740 多万人，属于中原官话区向晋方言区的过渡性区域。广灵县位于晋北与河北省交界处，约 15 万人，因为没有入声调和促声韵，划入冀鲁官话区。

根据古四声在今音的演变，晋方言内部大致可分为 8 个片，具体如下：

（1）并州片——分布于山西中部，共 16 个县市，包括太原、古交、清徐、娄烦、榆次（今晋中市榆次区）、太谷、祁县、平遥、介休、灵石、交城、文水、孝义、寿阳、榆社和盂县。

（2）吕梁片——分布于山西西部、西南部及陕西北部，共 19 个县市。其中山西 16 个县市：离石（今吕梁市离石区）、汾阳、方山、中阳、柳林、临县、兴县、岚县、静乐、交口、石楼、隰县、大宁、永和、汾西、蒲县；陕西 3 个县：佳县、吴堡、清涧。

（3）上党片——分布于山西东南部，共 19 个县市，包括长治市、长治县（今长治市上党区）、长子、潞城、屯留、黎城、平顺、壶关、沁县、武乡、沁源、襄垣、安泽、沁水（城关以东）、晋城、阳城、陵川、泽州和高平。

（4）五台片——分布于山西北部、内蒙古自治区西部后套地区和陕西北部，共 29 个县市旗。其中山西 18 个县市：忻州、定襄、五台、原平、神池、五寨、宁武、岢岚、繁峙、保德、河曲、灵丘、偏关、朔州、应县、代县、浑源、阳曲；陕西 7 个县市：府谷、神木、靖边、米脂、子洲、绥德、子长；内蒙古自治区 4 个县市旗：巴彦淖尔（原临河）、杭锦后旗、磴口和乌海。

（5）大包片（大同、包头片）——分布于山西东北部、内蒙古自治区西部黄河以东和陕西北部，共 37 个县市旗。其中山西 13 个县市：大同市、大同县（今大同市云州区）、阳高、天镇、右玉、左云、山阴、怀仁、阳泉、平定、昔阳、和顺和左权；内蒙古自治区 22 个县市旗：包头、固阳、武川、土默特左旗、土默特右旗、和林格尔、托克托、清水河、达拉特旗、准格尔旗、伊金霍洛旗、五原、杭锦旗、乌审旗、达尔罕茂明安联合旗、四子王旗、乌拉特前旗、乌拉特中旗、乌拉特后旗、鄂托克旗、鄂托克前旗、鄂尔多斯市（原东胜）；陕西 2 个县市：榆林、横山。

（6）张呼片（张家口、呼和浩特片）——分布于内蒙古自治区中部和河北省西北部，共 31 个县市旗。其中河北 18 个县市：张家口、宣化、张北、康保、沽源、尚义、阳原、怀安、万全、崇礼、怀来、涿鹿、赤城、灵寿、平山、鹿泉（原获鹿）、元氏、赞皇；内蒙古自治区 13 个县市旗：呼和浩特、卓资、凉城、商都、太仆寺旗、兴和、化德、察哈尔右翼前旗、察哈尔右翼中旗、察哈尔右翼后旗、乌兰察布市、丰镇、二连浩特。

（7）邯新片（邯郸、新乡片）——分布于河北西南部、河南北部，共 36 个县市。邯新片内部又分为两个小片：①磁漳小片，包括河北邯郸市、邯郸县（今邯郸市邯山区和丛台区）、涉县、武安、磁县、永年、沙河、肥乡、鸡泽、曲周（东里町以西）、广平（城关以西）、成安、临漳、邢台市、邢台县（城关以西）、南和、魏县（棘林寨以西）等 17 个县市。②获济小片，包括河南新乡市、新乡县、汤阴、淇县、卫辉（原汲县）、辉县、获嘉、延津、鹤壁、安阳市、安阳县、林州（原林县）、焦作、沁阳、修武、博爱、武陟、温县、济源等 19 个县市。

（8）志延片（志丹、延川片）——分布于陕西北部，共7个县市，包括延安、志丹、延川、吴旗（今陕西吴起县中部）、安塞、延长和甘泉。

（二）晋方言内部的过渡区域

近年来，随着普通话的影响逐渐深入，晋方言各片之间的差别逐渐缩小，各片边界地带出现了很多过渡区域。这些地方的语言往往带有不同方言片的特征，根据不同的特点可以归入不同的方言片。晋方言各片之间都或多或少存在这样的过渡地带。并州片和吕梁片是晋方言的核心地带，下文以此两片边界地带在语音、词汇方面的异同，举例说明晋方言内部的过渡性特征。

晋方言并州片和吕梁片在地域上相互毗邻，两片的划分依据主要是声调方面的差异：并州片平声不分阴阳，吕梁片平声可区分阴阳（侯精一，1999）。但是，并州片与吕梁片语音特征存在较多一致性，甚至吕梁片的多数音韵特点都超出吕梁片的分布范围，呈现出跨片分布的特点（沈明，2008；沈明，秋谷裕幸，2018）。在方言词汇方面，并州片平遥、介休、孝义三点与吕梁片方言有较多一致性。

1.并州片、吕梁片"外祖父""外祖母"的称谓

"外祖父"称谓在晋方言并州片、吕梁片山西的32个方言点中有三种不同的类型："老爷 / 姥爷"主要分布在太原、榆次、灵石、汾西、榆社、交城、寿阳、盂县、蒲县9点；"外爷"主要分布在古交、清徐、太谷、祁县、文水、隰县、交口、石楼、永和、大宁10点；"简爷 / 简儿 / 姐爷"[①] 主要分布在兴县、柳林、中阳、临县、平遥、娄烦、

---

① 张振兴、张慧英（2003）认为"简"是"姐儿"的合音，本文同意此说。山西部分方言点还保留着称"母"为"姐"的特点。

孝义、介休、汾阳、岚县、方山、静乐 12 点。离石"姐爷"和"外爷"都可指称"外祖父"。

"外祖母"称谓在晋方言并州片、吕梁片中主要有五种类型："姥姥"主要分布在灵石、榆社、汾西、蒲县 4 点；"姥娘"主要分布在太原、榆次、寿阳、交城、盂县 5 点；"婆婆"主要分布在古交、清徐、太谷、祁县、文水、介休、汾阳、隰县、孝义、方山、大宁、平遥 12 点，这 12 点多用单音节"婆"来指称"婆母丈夫的母亲"，用"婆婆"来指称"外祖母"，清徐"婆婆"既可以指称"外祖母"，也可以指称"婆母丈夫的母亲"，二者通过双唇塞音送气与否进行区分；"简 / 简婆 / 姐婆"主要分布在娄烦、临县、岚县、兴县、中阳、柳林、静乐 7 点，离石"简婆"和"婆婆"都可以用来指称"外祖母"；"外婆"主要分布在石楼、永和、交口 3 点。

"外祖父"称谓在并州片以"姥爷"和"外爷"为主，在吕梁片则以"简爷 / 姐爷"为主。"外祖母"称谓在并州片以"姥姥 / 姥娘"和"婆婆"为主，在吕梁片则以"婆婆"称谓居多。并州片的平遥、介休、孝义和吕梁片的汾阳 4 点，在"外祖父 / 外祖母"的称谓上一致性较高，这与它们地理位置毗邻、历史上曾同属一个行政区划有关。平遥、介休、汾阳、孝义 4 点"外祖母"称谓与并州片核心方言点相同，而"外祖父"称谓则与吕梁片核心方言点相同，正是上述 4 个方言点位于并州片、吕梁片之间的过渡性的表现。

2. 并州片、吕梁片"伯父""叔父"的称谓

"伯父"称谓在晋方言并州片、吕梁片中主要有两种类型："大爷"主要分布在太原、古交、娄烦、清徐、榆次、太谷、平遥、祁县、寿阳、榆社、交城、文水、盂县、静乐 14 点，"大爷"称谓前可加序数词，用来区别"伯父"的排行，如"二大爷二伯父""三大爷三伯父"；"伯

伯/伯儿"大多读为入声，主要分布在离石、汾阳、方山、柳林、临县、中阳、兴县、岚县、交口、石楼、隰县、大宁、永和、汾西、蒲县15点和并州片孝义、介休、灵石3点，"伯伯"前同样可以加序数词区别伯父的排行，也可省掉一个"伯"，如"大伯大伯父""二伯二伯父"。清徐方言"伯父"既可用"大爷[tɒ³⁵ie⁴³]"指称，也可用序数词后加"大[tɒ¹¹]"表示"几伯父"，如"二大二伯父""三大三伯父"。

"叔父"称谓在晋方言并州片、吕梁片中主要有三种类型："叔叔"主要分布在离石、临县、岚县、隰县、灵石、介休、石楼、交口、汾西、大宁、永和、盂县、柳林、方山14点；"伯伯"主要分布在太原、榆次、太谷、祁县、娄烦、古交、静乐、榆社、交城、寿阳、清徐、兴县、静乐13点；"老老"主要分布在文水、孝义、汾阳、中阳4点。汾阳、孝义"叔父"还可称为"老儿[laɚ³¹²]"；平遥"叔叔"和"老老"都可以用来指称"叔父"，老派以"老老"为主，新派以"叔叔"为主。

从"伯父"称谓的分布看，并州片方言点与吕梁片方言点大致经纬分明。太原及晋中市各地以"大爷"居多，吕梁市各地以"伯伯/伯"为主。并州片的孝义、介休、灵石等点与吕梁片各点称谓相同，与并州片其他点不同。"叔父"称谓在并州片、吕梁片各点分布情况与"伯父"大致相同，称"伯伯"的分布在并州片大部分方言点和吕梁片静乐、兴县两点，称"叔叔"的主要分布在吕梁片。并州片平遥、文水、孝义以及毗邻的吕梁片汾阳、中阳5点地理上位于两片过渡地带，用"老老"称谓"叔父"较为特殊。

3.并州片、吕梁片"向日葵""高粱""膝盖""毛笔"的称谓

"向日葵""高粱""膝盖""毛笔"等词在晋方言并州片和吕梁片称谓不同，具体如表1-1所示。

表1-1　并州片、吕梁片方言词称谓表

词目	称谓	分布点
向日葵	朝阳花儿	介休、临县、柳林、孝义、文水、隰县、汾阳、古交、平遥、交城
	葵花	兴县、岚县、中阳、静乐、榆社、汾西、灵石、寿阳、榆次、太原、盂县、太谷、清徐、大宁、方山、石楼
	碗背	离石（也可称"葵花"）
高粱	稻黍	介休、柳林、文水、娄烦、交城、兴县、中阳、静乐、灵石、永和、大宁、方山、临县、孝义、隰县、汾阳、平遥、岚县、石楼、离石
	荽子	祁县、榆社、榆次、太原、太谷、清徐
	红稻黍	古交、汾西
	高粱	寿阳
	黍黍	盂县
膝盖	圪膝盖圪膝跪	岚县、灵石、中阳、静乐、方山、汾西、榆次、石楼、大宁、临县、隰县、离石、永和、榆社、柳林、介休、平遥、文水、孝义、汾阳、兴县
	圪 [tiʔ/tʼiʔ] 跪圪 [tʼiʔ] 腿	太原、娄烦、寿阳、太谷、古交、盂县、祁县、清徐、交城
毛笔	毛笔	太原、娄烦、寿阳、太谷、古交、盂县、祁县、清徐、交城、岚县、灵石、中阳、静乐、方山、汾西、榆次、石楼、大宁、隰县、永和、榆社、柳林、文水、孝义
	生活	兴县、平遥、介休、汾阳、离石、临县（后5点也可称"毛笔"）

　　由表1-1可见，"向日葵""高粱""膝盖""毛笔"4个词的方言称谓在并州片的介休、平遥、孝义、汾阳4点高度一致，与吕梁片汾州小片方言点也表现出较高的一致性，与并州片大多数方言点则差别明显。

　　从以上方言称谓的分布情况看，山西西部（吕梁地区）和南部（临汾、运城地区）很多特征相同，这与两地历史行政区划有关。李

如龙、辛世彪（1999）考证"晋南、晋西地区在秦汉时代的行政地理上曾同属河东郡，即历史上的河东地区"，其方言上的共性是其历史区域特征的反映。山西中部自北魏时期就分为并、汾二州，并州所辖大体为今山西中部各县，汾州初治蒲子（今山西蒲县），后移至兹氏（今山西汾阳附近），所辖多为今山西西部及南部地区。明清两代，山西中部划分为太原、汾州二府。太原、太谷、祁县、交城、文水、榆次、徐沟（今清徐县）7县属太原府，今山西吕梁片大部分方言点属汾州府。平遥、介休、孝义、汾阳4县归属自唐以来少有变更，一直属同一行政区划。唐宋时代，汾阳、平遥、介休、孝义4县与灵石同为西河郡（或汾州）管辖，元代开始灵石与4县分离，划归霍州辖制。明清两代，汾阳、平遥、介休、孝义4县与石楼、临县、中阳、离石等县逐渐合归汾州府，今汾阳、平遥、介休、孝义4县特征词对内高度一致，对外与今吕梁片汾州小片方言接近，而与并州片核心方言不同，这与其历史沿革有着密切的关系。

四、晋方言及晋方言区的形成

（一）晋方言区的形成

晋方言区的形成有着多方面的原因，其中悠久的历史行政区划、独特的地理地貌在其形成过程中起到重要的作用。

1.历史行政区划的长期稳定为晋方言区的形成提供了必要条件

罗常培（1958）在《临川音系》再版序言中说："调查一种语言或方言是跟说这种语言或方言的人的历史分不开的。"晋方言区的形成与晋开国以来的历史行政区划直接相关。据史书记载，晋为武王少子唐叔虞的封国，春秋前后兼并了约二十个国家，成为中原霸主。景公时翦灭众狄，彼时在华夏诸国中，晋国的疆域最为广阔，地跨五省。春秋末，周定王十六年，三家分晋。从晋国和其后的韩、赵、魏三国当时所占疆域看，大致涵盖了今地跨五省区的晋方言区和山西南部汾河片方言区，晋方言区的源头当自晋国开国而始。（乔全生，2008）

秦统一六国后，山西设河东、太原、上党、云中、雁门、代郡六郡，此六郡所辖大致与今山西境内方言片相合。到西汉时，河东与京师等地共同隶属于司隶校尉部，太原、上党、云中、定襄、雁门、代郡隶属于并州刺史部，这是今河东属中原官话区，而其他六地属晋方言区的最早源头。曹魏郡国建制与汉略同，河东与平阳、河内、河南、原武、弘农、野王属司隶州，太原、上党、乐平、西河、雁门、新兴属并州。西晋统一后其建制为：河东、平阳等十二郡属司州，太原、上党、雁门等四郡二国属并州。这近五百余年内，河东郡与京师、河南等地同属一个管辖范围，其他六片始终为一个管辖范围，自此可知，河东片方言当与长安、洛阳地区方言接近，并州等其他几个方言片关系紧密，河东、平阳遂与晋方言的其他片差异拉大。

据《中国历史地名大词典》载，古函谷关在今河南灵宝东北，东自崤山，西至潼津。故按古人的分区，关中可延至豫西、晋西南一带。（齐以治、王恭先纂修《临晋县志》）该书记载了河东与古都长安的密切联系，"盖自秦汉以来，内史三辅而外，以河东为首郡，临邑当时逼近西京，语言文字犹近于雅，迄永嘉南渡，五部分居，音之变易弥多矣。"今关中东部的宜川、韩城、合阳、澄城、大荔等县市方言与今山西南部方言保持相当的一致性，这与山西南部的临汾、运城与西安东部地区历史上大多同属一个行政区划有关。

今属晋方言大包片和张呼片的内蒙古自治区西部方言的形成与历史上的移民有关。清初，晋、陕两省北部的人为求生计"走西口""下云中"，这种自发性移民逐步形成了内蒙古自治区西部以山西、陕西移民方言为主的方言格局。在内蒙古自治区西部方言中，以乌兰察布盟（今乌兰察布市）各旗县、呼和浩特市各旗县、包头市各旗县为代表的是晋方言；以巴彦淖尔和伊克昭盟（今鄂尔多斯市）为代表的属晋陕混合方言；以乌兰察布盟的兴和县为代表的属晋冀混合方言；以锡林郭勒盟西部地区为代表的属于晋方言、东北官话、冀鲁官话混合方言。从历史记载来看，从清康熙时期实行"移民实边"政策后，山西开始向内蒙古自治区大量移民。自康熙末年（1722），山西、陕西北部的移民由土默特而西，私向蒙人租地耕种，境内凡近黄河、长城处均有汉人足迹。山西的移民从土默特沿黄河西行至达拉特旗、杭锦旗（侯精一，1999）。

2. 历史文献和前人论著为晋方言区的源头和形成探索提供了证据

西汉扬雄的《方言》被誉为中国方言学史上第一部"悬诸日月不刊"的著作，在世界方言学史上也具有重要的地位。该书记载的方言以秦晋方言为最多，在语义的说明上也最细，有些甚至用秦晋方言作中心语来注释殊方语。可见秦晋方言在汉代所处的重要地位。春秋时期的雅言就是一般所说的官话，官话就是"夏言"。周祖谟（1966）认为"夏言应当是以晋方言为主的。因为晋国立国在夏的旧邑，而且是一时的霸主，晋方言在政治和文化上自然是占优势的。等到后来秦人强大起来，统一中夏以后，秦语和晋方言又相互交融，到了西汉建都长安的时候，所承接下来的官话应当就是秦晋之间的语言了"。当时晋方言的权威性可见一斑。

罗常培、周祖谟《汉魏晋南北朝韵部演变研究》将秦晋方言列为当时七大方言分区之首，并认为《方言》中"凡是常常独举的应当是一个单独的方言区域，凡是常常在一起并举的应当是一个语言比较接近的区域"。据濮之珍先生（1987）的统计，《方言》卷一、卷二列举秦晋方言最多，卷一举秦方言二十二次，晋方言二十二次；卷二列举秦方言二十一次，晋方言二十四次。丁启阵（1991）《秦汉方言》根据《方言》中地名组合的次数，将秦晋方言列为当时八大方言分区之一，其中《方言》提到自关而西秦晋之间 31 次，秦晋之间 24 次，秦晋 24 次，自关以西秦晋之间 3 次，其他秦晋并提 4 次。此时的晋只包括山西的西南部地区。这说明秦汉时的秦晋方言是相同或相近的。单独提"晋""晋之旧都"共 5 次，这时的"晋"，不是指三家分晋之大晋国，而是更早一些的小晋国，即以汾、浍二河为中心的山西南部地区。此外，《方言》中并举的"赵魏方言"有 21 次，也是当时八大方言区之一。魏包括当时的山西南部部分地区，赵则包括山西境内的太原、定襄、云中、上党。林语堂（1927）《西汉方音区域考》也将"秦晋""赵魏"作为 14 个方言区的两大方言区。由这些传世文献和前贤研究看，秦晋和赵魏两大方言区基本上涵盖了今晋方言区和山西境内的中原官话区两大区域。

3. 独特的地貌特征造就了晋方言区存古较多、内部差异大的特质

山西地形结构特殊，"恒山峙其北，大河绕其南，四塞襟之，五原控之"，自古就有"表里山河"之称，中间是一连串的盆地，形成沟通南北的天然通道。晋方言所属地区大多在海拔 500 米高原之上，因为这种特殊的地理因素和恶劣的自然状态，所以山西对外界移民的吸引力不大，很少受到外界其他方言的影响而易于保持其独特性。"山西省为山地型黄土高原，境内多山，地貌分区明显，中部为一系列盆地。东西两侧为山地、高原。"（侯精一，1999）山西据地形地貌大致可以划分为 7 个区域：5 个盆地，2 个高原，即大同盆地、忻定盆地、太原盆地、临汾盆地、运城盆地、沁潞高原、晋西高原。除临汾、运城两个盆地之间没有太大的自然界限外，其他五个区域间均有明确的

自然界限。这六个区域也就自然形成了晋方言的其中五个方言片和中原官话汾河片，即：大同盆地形成大包片，忻定盆地形成五台片，太原盆地形成并州片，沁潞高原形成上党片，晋西高原形成吕梁片，临汾、运城形成汾河片。晋方言的其他三个方言片邯新片、志延片、张呼片，前两片与晋方言地理、历史联系密切，后一片是明清时期由晋北自发移民方言扩散的结果。可以说，独特的地理地貌使这一大片地区的方言保持着与官话诸多不同的特点，至今保留着中古乃至上古汉语的特征。山西境内多山和地貌自然分区又使方言内部产生分歧，不但形成了晋方言对外的排他性，也导致晋方言内部各片之间差别较大。

（二）晋方言形成新说

受印欧历史语言学传统的影响，施莱赫尔的"谱系树说"和施密特的"波浪扩散说"常被借用来解释汉语方言的形成，然而汉语方言特定的人文历史使得越来越多的学者对"谱系树说"和"波浪扩散说"的普遍应用性产生了质疑，汉语在传播中和非汉语言接触的现象尚未得到足够重视。汉语方言的形成需要从汉语历史发展的角度具体分析，提出符合汉语方言实际的解释和学说。近年来兴起的"横向传递说"是解释方言形成和发展的成功尝试。"横向传递说"认为汉语方言的形成和分化是汉语与周边非汉语言接触过程中受其影响而形成的（沈钟伟，2014），如吴方言、湘方言、闽方言的形成与苗语有直接的关系，粤方言中包含壮语的特征，北方方言舌根声母的消失与北方历史上契丹、女真和蒙古人"语多不正"有关，等等。今晋方言与少数民族语言接触的事实，可以用"横向传递说"加以解释。

晋方言（尤其是山西北部晋方言）无论在历史上，还是在当前，都与蒙古语等阿尔泰语多有接触。晋方言所在地区历史上曾有大量匈奴、鲜卑、党项、西夏等少数民族居住，晋方言自然会受到这些语言的影响。今晋方言部分语音特点与周边北方方言不同，而与南方闽、粤等方言有相同之处，并非不同地域之间的"共时演变"，其形成还与少数民族语言的影响有关，晋方言中有相关证据可以说明。

1. 晋方言鼻音和塞音韵尾弱化问题

有学者认为，现代晋方言的入声清塞音韵尾与南方汉语方言相一致，而与保留浊塞音韵尾的唐五代西北方言不同。其实，晋方言入声韵与南方方言入声韵至少有两点不同：第一，晋方言与南方诸方言无共同演变的空间条件。晋方言主要分布于山西省除南部以外的广大地区及河南、河北、陕西、内蒙古 4 个省（自治区）临近山西的地区，被中原官话和北京官话包围，与南方诸方言在地域上并不相连，缺乏共同演变的空间条件。第二，晋方言与南方诸方言的演变方式不同。南方方言入声韵大多保留塞音韵尾［–p］［–t］［–k］，如粤方言、闽方言、客家方言；或保留［–t］［–k］韵尾，如赣方言；或保留多套入声韵，如江淮官话、闽方言（潮州话）。而今晋方言仅保留 2 套入声韵，且塞音韵尾已变为［–ʔ］。可见，晋方言入声韵与南方诸方言相同仅是表面现象。

讨论晋方言入声韵尾的问题，应该从其历史源头来追索原因。保留［–ʔ］韵尾的晋方言是继承自唐五代时期《敦煌变文集》、唐末诗文用韵所反映出韵尾弱化的那支西北方言，与西北地区保留浊塞音韵尾的方言并非同一方言，塞音韵尾的不同类型正反映了西北方言内部的不一致。沈钟伟（2014）认为，汉语入声的弱化是少数民族语言影响的结果，吴方言、湘方言、闽方言的入声弱化就是与苗瑶语接触的结果。历史上西北汉语入声韵尾的演变可能与和西夏语密切接触有关。唐五代至宋时期，与北方汉族接触的少数民族主要是建立了西夏的党项羌，同西北汉语接触最多的就是西夏语。西夏语的韵母系统中无鼻音韵和入声韵，却有松紧元音的对立。藏缅语族语言中紧元音形成的一个重要方式就是促声韵韵尾脱落转化为与之音近的紧元音。唐五代西北汉语受西夏语紧元音的影响，其入声韵尾弱化为与西夏语紧元音音色接近的喉塞音［–ʔ］。两种语言在长期接触过程中，原本不同的语音特征发生趋同或形成同构，是唐五代西北方言入声韵尾变为［–ʔ］的真正原因。

晋方言鼻音韵的弱化也与少数民族语言的影响有关。有学者认为，西北、西南汉语甚至山西、河北的方言中鼻音韵尾的弱化都是受非汉语的影响，最大可能就是少数民族在学习汉语过程中带上自身语言的特征，使得当地汉语方言产生了鼻化作用，甚至鼻化作用也没有了。今晋方言鼻音韵趋向消失，变为鼻化韵甚至口元音，这些特点与周边北方方言迥异。从历史上看，这一特征是对唐五代西北方言的直接继承，无论是《开蒙要训》译音反映的方音，还是《千字文》所代表的音系，鼻音韵尾都有消失的现象。我们有理由相信，唐五代西北方言鼻音韵尾的消失与和其接触紧密的西夏语有关。

2. 鼻冠音声母问题

鼻冠音现象是唐五代西北汉语的一个重要特征，在其他汉语方言中并不多见，今晋方言中仍有保留。历史上，西夏语中曾大量存在鼻冠音，今羌语支语除普米语之外，嘉戎、道孚、却域、扎坝、尔苏、木雅、纳木义、史兴等语言中也都有鼻冠音。西北汉语中"鼻音＋塞音"声母的形成也与和当地少数民族语言的密切接触有关。山西境内方言（包括晋方言和中原官话汾河片方言）"鼻音＋浊塞音"现象是唐五代西北汉语的延续，其形成的原因正是唐五代以来西北汉语与以西夏语为主的少数民族语言"横向传递"的结果，其形成的时期大致肇始于唐五代，而至宋代基本形成，一直延续至今。

五、晋方言的归属

学界对晋方言的归属问题曾有过热烈的讨论，主要有以下两种观点。

1. 晋方言独立为与官话并列的方言

李荣（1985）在《官话方言的分区》中首次提出：将山西省及其毗连地区有入声的方言从官话中分出称作晋方言。其后，《中国语言地图集》将汉语方言分为十大区，晋方言区是其中之一，与其他九大区平行。侯精一、温端政、乔全生、邢向东、王临惠等学者都持此观点，并在晋方言与官话的差异性方面有过深入的研究。

2. 晋方言划归官话区的次方言

不同意将晋方言分立为与官话平行的十大方言之一，只同意作为官话区的一支次方言的有丁邦新、王福堂等学者。丁邦新（1998）认为，对晋方言而言，要把它看作官话以外的大方言，和吴方言、湘方言平行，恐怕没有足够的理由，"还是在官话系统中把晋方言区分为次方言的一种，可能是比较合适的办法，这种次方言的区域也要缩小，大致以山西为中心，包括察哈尔南部，河北南部、西部边缘，以及河南的北部等地区"。王福堂（1999）也认为，晋方言在方言、次方言等层级上的安排过高，入声和阳声韵等语音的特点都属晚期的历史性音变，仅依靠这些特点把晋方言从官话方言中分离出来处理成独立的方言，说服力不够。另外，江淮方言有入声而留在官话方言中，四川省不少方言有入声也留在官话方言中，晋方言有入声，却从官话方言中分出。山西西南部晋南方言具有晋方言的大部分重要特点，仅仅因为没有入声就被划入其他官话方言，损害了晋方言的完整性。

就王、丁的观点，乔全生（2008）从晋方言入声的特殊性、划分方言的条件等方面提出质疑。他认为晋方言有入声属于早期的历史性演变，晋方言的入声与江淮官话的入声有明显不同。晋南方言与并州片方言虽有诸多联系，但从历史上看，它们分离的时间是比较长的，若将晋南方言归入晋方言似有一定的困难。要把晋方言分立为与其他官话平行的一支次方言，至少有两个方面的问题不好解决：一是晋方言所具有的大条件，其他官话区也应该具有，或基本具有；二是将晋方言作为次方言，与其他方言的内部特点应大致是平衡的，应该符合那个最大公约数。晋方言的几个早期的历史条件，显然其他几个官话区不具备，而其他官话共有的特征，晋方言明显演变滞后，因此将晋方言归入官话的次方言并不适宜。

六、晋方言的扩散和融合

（一）晋方言的扩散

1. 晋方言由山西长治向客家方言的扩散

客家先民东晋以前的居地，实北起并州上党，西届司州弘农，东达扬州淮南，中至豫州新蔡、安丰。换言之，即汉水以东，颍水以西，淮水以北，北达黄河以至上党，皆为客家先民的居地。客家先民迁移运动的路径，远者自今日山西长治起程，渡黄河，依颍水，顺流南下，经汝颍平原，达长江南北岸；或者由今日河南灵宝等地，依洛水，逾少室山，至临汝亦经汝颍平原达长江南北岸。总之，客家先民第一期的迁移，大抵皆循颍、汝、淮诸水流域，向南行动，这是可从该地自然地理推证出来的。谭其骧（1934）《晋永嘉丧乱后的民族迁徙》谈到，河南、山西移民也有不少进入今江苏地区，或迁至武汉、黄梅甚至襄阳地区。今长治方言已无与客家方言相对应的突出特点，长治移民是否将山西方言带到客家之地尚需更多的语言学、历史学和考古学证据。

2.洪洞大槐树移民的向外扩散

"问我祖先在何处，山西洪洞大槐树"，这句流传甚广的民谣一定程度上反映了明代山西移民的规模之大。根据前人的研究，洪武与永乐年间规模最大、最集中的移民迁出区就在山西。仅洪武年间，移民人数即在百万人。据《明太祖实录》卷一百四十载：洪武十四年，河南人口一百八十九万一千人，河北人口一百八十九万三千人，山西人口四百零三万零四百五十四人。山西人口是河南、河北两省人口的总和。山西移民迁出区涉及山西绝大部分地区，迁入区包括今河北、河南、山东及安徽、江苏等地。在官方组织及允诺下，在如此短的时间里，从一个区域迁出如此多的普通百姓，在山西移民史上是绝无仅有的，在中国移民史上也是相当罕见的，产生的影响也是极其深远的。（安介生，1999）

3.向河南地区的扩散

山西与河南邻近，河南地广人稀，山西地狭人众，河南自然是山西移民的重点地区之一，也是移民次数最多的地区之一。据历史文献记载，洪武二年（1369）就有向河南的移民。汲县《李氏族谱》载："明洪武二年自山西泽州府凤台县头村迁汲。"《孟县志·大事记》亦载："明洪武三年（1370），徙山西民于河北，而迁至孟州者十九，皆山西洪洞籍。"《明太祖实录》卷一百九十三载："（洪武）二十一年（1388）八月，徙山西泽、潞二州民之无田者往彰德、真定、临清、归德、太康等闲旷之地。"《明史》卷三载："徙泽、潞民无业者垦河南、北田，赐钞备家具，复三年。"河南省的地方史料也记载了明代的人口迁徙。豫北的林县、汤阴、获嘉、修武、武陟、孟县（今孟州市）、清丰、浚县、延津、封丘等县志中均有记载。如《林县志》大事表记载"明洪武二十一年徙泽潞民无业者实林"。《封丘县续志》记载王、田、李等三十二姓一百零八族均系明季从山西迁来。《清丰县乡土志》记载全县三十个姓中有二十七姓是永乐年间从山西省迁居到清丰的，至今已传至二十世。汤阴县《郑氏家谱》首句是"吾郑之先……山西壶关县籍"。山西人口的移入使豫北人口构成发生重大变化，《武修县志》记载，山西移入的人口占全县人口一半以上。原有的土著人口，如彰德府，"土著之家十不存一"。因此山西泽、潞二州的方言随着人口的移入，在修武、彰德遂占据主导地位。可以说，现在的豫北方言就是在山西泽、潞二州方言基础上发展起来的，其中也夹杂着当地土著的语言成分。

4. 向山东地区的扩散

山西人口移徙到山东省，这一点可从山东方言和山东地方戏上得到证实。流行于郓城、菏泽、定陶一带的山东梆子也叫"泽州调"。明初的两次战争，造成山东人口大减，"白骨露于野，千里无鸡鸣"，《明史》《明实录》记载山西往山东移民共四次。据滕县县志资料记载，滕县现存的425份族谱和碑文中，有340份明确记载为明洪武、永乐年间从山西洪洞县或平阳府迁滕的。据定陶县地名办公室调查，该县1050个村庄中有386个村庄的居民祖先是明朝由洪洞迁来的。据《郓城县地名志》统计，郓城县共有自然村1388个，其中明朝建村966个，有279个直接迁自山西洪洞。洪洞移民主要分布在鲁西北一带，这一带方言还保留着晋方言的特色。现代山东方言是在明清山东方言的基础上发展而来的，山东地区的居民主要是土著与明初大量山西移民的后代。新修《寿光县志》记载：全县990个自然村，由山西洪洞移民立村 182 个。《青州市志》记载：全市 1164 个自然村，由山西洪洞移民立村 300 个。外地移民来到山东，其语言必然会与原有山东方言发生融合。关于明初移民与现代山东方言的关系是晋方言与官话接触研究的一个重要内容。

5. 向河北及周边地区的扩散

据《明史》《明实录》记载，山西往京、津、冀移民，洪武年间四次，永乐年间六次。据《赞皇地名资料汇编》统计，在全县 21 个乡镇、212 个行政村中，从山西迁来的居民分散在 18 个乡，65 个村庄。邯郸县地名普查中全县 20 个乡镇，250 个村，一半以上是从洪洞迁来的。河北的孟村回族自治县、新河县、定县、正定县、成安县等均有从洪洞迁民的类似记载。

（二）古晋方言与少数民族语言的融合

自上古时期，在今山西的地域上就生活着为数众多的少数民族，这些少数民族与汉族长期共存。[①] 据古史传，在尧舜禹时期，山西为冀州（包括山西全省、河北西北部、河南北部、辽宁西部），在冀州生活过的少数民族有汉代匈奴的先氏——猃狁、荤粥两族。汉魏时期，匈奴由塞外（雁门关以外）入关，在今山西大同地区生活，同时期在山西石楼地区（今吕梁市南部）也有少数民族土方族居住。周朝初期，周成王之弟被封为晋，霍州以北均为戎狄之地。《左传·昭公十五年》记述："晋居深山，戎狄之与邻。"战国初期，今代县、繁峙地区是少数民族代戎的属地。北魏时期，大同有鲜卑族、柔然族和敕勒族居住。

---

① 本文的少数民族仅指历史上山西境内出现或生活过的，不同于华夏族或汉族的民族。

隋唐时期，山西西部、北部有突厥和回纥两族。唐宋时期，粟特族（西亚人）生活在山西境内。辽代，整个山西为契丹族占据。金代，山西代县附近有女真族。元代有蒙古族。清代，在山西境内的主要是满族。日本著名语言学家桥本万太郎（2008）说："过去一千年间的历史，也值得我们深思。'中原'地区被金、元占领了三个半世纪，清又统治了将近三个世纪；过去的十个世纪的大半时间都处在北方阿尔泰诸民族的控制下。"山西是草原到中原的必经之地，山西境内的方言必然受到阿尔泰诸民族语言的影响。

政治上占有统治地位且人数众多的少数民族，他们的语言必定会对当时的汉语造成一定的影响。今晋方言在语音、词汇和语法方面都可以找到少数民族语言的直接遗存或间接影响。北朝时期，山西境内少数民族政权空前强大，少数民族语言和汉语接触频繁，相互影响和渗透不可避免。《隋书·经籍志一》载："后魏初定中原，军容号令皆本国语，后染华俗，多不能通。"当时的鲜卑语受汉语影响已达到"多不能通"的地步。北朝中后期，汉族人出于求官入仕的政治目的，也开始主动学习鲜卑语。《颜氏家训·教子篇》记载北齐士大夫子弟"颇晓书疏，教其鲜卑语及弹琵琶……以此伏事公卿，无不宠爱，亦要事也"。《颜氏家训·省事篇》又记载："近世有两人，性多营综，略无成名……鲜卑语、胡书皆不通熟。"（鲁国尧，2002）一正一反两个例子，说明当时汉人对学习鲜卑语的重视程度。"北齐后周时，士人学鲜卑语者不少矣。"（姚振宗，1989）今山西方音中仍保留着历史上其他民族语音的遗存和影响。

1. 晋方言受少数民族语音的影响

（1）鼻音声母带有同部位浊塞音

中古明泥疑三母在今山西境内（晋方言和中原官话汾河片）约有

37 个方言点读［mb- nd- ŋg-］（侯精一等，1993；乔全生，2003），陕北晋方言也有 19 个点有此现象（李建校，2006；高峰，2011）。①今官话明泥疑三母大多读［m- n- ŋ-］，读浊塞音或鼻音带同部位浊塞音的（下文简称"鼻音＋同部位浊塞音"）并不多见。乔全生（2008）认为山西鼻音声母读［mb- nd- ŋg-］与官话来源不同，保留的是唐西北沙洲一带的方言。从历史上看，晋方言"鼻音＋同部位浊塞音"的形成与少数民族语言的影响有重要的关系（余跃龙，2020）。北魏以后，山西、陕北居住着大量的山胡（源于南匈奴），他们是降汉的古南匈奴部族，与汉族长期杂居并已汉化。古匈奴语现已消亡，是否具有"鼻音＋塞音"形式较难考证，但是与匈奴语同属阿尔泰语系且关系较近的蒙语中至今仍有大量"鼻音＋塞音"形式存在（哈斯其木格，2006）。另外，山西历史上一直有大量古羌人居住，唐五代时期甚至部分羌人内迁关中、晋南等地，与汉族杂居（葛剑雄，1997）。今藏缅语族羌语支语言中鼻冠音现象也是大量存在，嘉戎、道孚、却域、扎坝、尔苏、木雅、纳木义、史兴等语言中都有鼻冠音（黄布凡，1987）。今晋方言"鼻音＋同部位浊塞音"地区正是历史上汉族和匈奴、党项、羌、氐等民族杂居融合地区。晋方言"鼻音＋浊塞音"现象在北方官话发展史上较为少见，却在山西境内与汉语接触紧密的阿尔泰语系和汉藏语系语言中都有保留。这充分说明晋方言"鼻音＋同部位浊塞音"是汉语与少数民族语言互相渗透过程中"横向传递"的结果。

（2）晋方言入声韵尾的演变

晋方言入声韵主要特征是中古塞音韵尾［-p -t -k］弱化为喉塞

---

① 今晋方言受普通话影响很大，大部分方言点鼻音［m n/dŋ］带同部位浊塞音［b d g］现象已不明显，有的已近消失。本书主要以侯精一、温端政（1993）20 世纪 80 年代的调查为依据。

音韵尾［–ʔ］，这个特征与吴方言相类似。吴方言塞音韵尾弱化的特征与今苗语相同，是历史上吴方言与该地区苗语长期接触而产生的共有特征（沈钟伟，2014）。晋方言入声韵尾的弱化与西夏语的影响也有关系。唐五代至宋时期，与北方汉族接触的少数民族主要建立了西夏的党项羌，同汉语接触最多的就是西夏语。根据龚煌城（2005）的研究，西夏语的韵母系统中无鼻音韵和入声韵，却有松紧元音的对立。西夏语紧元音的一个来源就是方言中促声韵韵尾脱落转化为与之音近的紧元音（戴庆厦，1979）。历史上古晋方言与西夏语长期接触，入声韵尾弱化为短促的喉塞音［–ʔ］，听感上与西夏语紧元音音色接近。两种语言原本不同的语音特征发生趋同或形成同构，共同构成了当地语言的"复杂适应系统"。

（3）晋方言鼻音韵的弱化

汉语西北、西南甚至山西、河北的方言中鼻音韵尾的弱化都是受非汉语的影响，最大可能就是少数民族在学习汉语过程中带上自身语言的特征。今晋方言鼻音韵弱化为鼻化韵甚至口元音，这些特点与周边北方方言迥异。从历史上看，这一特征是对唐五代西北方言的直接继承，无论是《开蒙要训》译音反映的方音，还是《千字文》所代表的音系，后鼻韵尾都有消失的现象（乔全生，2008）。唐五代西北方言鼻音韵尾的消失与和其接触紧密的西夏语本身无鼻音韵尾有关，也是汉语与西夏语趋同的明证。

2. 晋方言受少数民族语言词汇的影响

（1）保留在晋方言亲属称谓中的底层词

"节儿、胞儿"是古西夏语的底层词。山西临汾、洪洞一带有"节儿、胞儿"之说，义为"嫡亲"，与西夏文"节亲、胞亲"表"嫡亲"的词对应。"节儿、胞儿"很可能是西夏语消亡后留在山西南部

（中原官话汾河片）的底层词（乔全生，2008）。

以哥称父是古鲜卑语的底层词。光绪九年重修的《文水县志》卷三《方言》载，"父曰哥"。这种称谓尚在"东南乡近祁界者"保留。今山西文水方言称父亲为哥，这种称谓来自鲜卑语的"阿干"，是北朝时期从鲜卑语借入汉语，后又音转为汉语的"哥"（胡双宝，1980）。《说文》："哥，声也"，与歌同义。直到唐代，汉语中才有用哥指称父亲的用法，如《旧唐书·王琚传》："玄宗泣曰：'四哥仁孝同气，唯有太平，言之恐有违犯。'"玄宗指唐玄宗，四哥指其父唐睿宗。在敦煌变文中也有这样的例子，《敦煌变文集·搜神记》田昆仑条：其田章年始五岁，乃于家啼哭，唤"歌歌嬢嬢"，这里的歌即为哥，指的也是父亲（王重民，王庆菽，向达等，1984）。上至唐代皇室，下至百姓口中，都有用哥指称父亲的说法，说明唐代"哥作父义"十分普遍。今普通话中哥已无指称父的含义，但在晋方言中仍可见到遗存。

以姐称母来自古羌语。山西中部平遥，南部临汾、洪洞、汾西等点称母亲为"姐"。西部临县、柳林等点称外祖母为"简婆/姐婆"。"简婆"中的"简"是"姐儿"的合音（张振兴，张惠英，2003）。姐表示母亲之义古已有之，《说文》："姐，蜀谓母曰姐。"《广雅》："姐，母也。"《广韵》："姐，羌人呼母"。《字汇》："媎同姐，兹野切。羌人呼母为媎。"两汉时期，汉语中表女兄义的是姊，姐只是蜀人用来指母的，并不表女兄义。直到宋代，姐仍是羌人用来呼母的称谓。1923年修纂的《襄陵县志》卷八《方言》记载："母为妈又为娘（音佳）"。"娘（音佳）"其实就是"姐"。《广韵》释："羌人呼母为姐"。《说文》："蜀人呼母曰姐。"晋方言中姐作母义是古羌语的底层词。

称父为"大大"来自突厥语。山西北部阳高、怀仁、右玉，中部寿阳，西部离石、临县，东南部长治、晋城等点用"爹""大""大大"指称父亲，这种说法也来自少数民族语言，大致产生于北朝时期。"爹"最早多在少数民族中使用，唐宋之后才逐渐进入汉语中指称父亲。"大"和"大大"源自于突厥语的 ata（陈宗振，2001），这些称谓在今官话中并不多见，在汉语词汇史上也无明确的源头。考虑到其形成时间大多在北朝至唐宋，正是北方汉族与少数民族融合时期，"大大"的称谓当是突厥或其他少数民族语言在汉语中的遗存。

称母为"蒙"或"迷"来自少数民族语言。鲁国尧（1992）在《"方言"的涵义》一文中引到清康熙时贵州巡抚田雯《黔书》卷上的"方言"条，其中对母亲的称呼有"蒙""明""蔑""咪"，"所述必系当时贵州的少数民族语言的常用词"。今晋方言太原话"母"还读"蒙"，"咪"虽不称呼母亲，但叫"母猫"为"咪猫"。清代少数民族词在今晋方言中得到呼应，我们认为这也是晋方言历史上曾受到少数民族语言影响的证据。

（2）来自蒙语的底层词

"儿 [ər] ～"表雄性：晋方言并州片、吕梁片、五台片、大包片以及中原官话汾河片部分点用"儿~"表示雄性动物，如介休"儿马 [ər³³ma⁴²³]"、文水"儿狗儿 [ər²²kəu⁴²ər⁰]"、孝义"儿狗儿 [ər³³kour³¹²]"。汉语用"儿~"表示雄性并不多见，这一用法应该并非来自汉语本身，而是受阿尔泰语系蒙语的影响（叶晓锋，2016）。今蒙古语族多种语言都用 [ər] 音表示"男性/雄性"意义，如正蓝旗 [ər]、巴林右旗 [ər]、陈巴尔虎旗 [ər]、布里亚特 [ər]、达尔罕 [ər]、喀喇沁 [ər]，东部裕固语 [ere]、东乡语 [ərə] 和保安语 [ɛrə] 等（孙竹，1990）。

远指代词"兀底"："兀底"作为远指代词在今山西及周边地区大量使用，《山西方言调查研究报告》记录的 42 个点词汇对照中，有17 个点远指代词的构成是"兀~"，如"兀里、兀底、兀港、兀块儿"

等（侯精一，1993）。韩国发现的《原本老乞大》反映的大体是元代汉语，书中的"兀那、兀的、阿的"是来自蒙语指代词的借音词。后来官话中用"那"代替了"兀"的用法，也有学者认为"兀"是来自突厥语 *ol（张维佳，张洪燕，2007）。总之，"兀底"是少数民族语言留在汉语中的底层词，至今仍可在晋方言中找到遗存。

偏食：今北京官话及晋方言中，有称饺子为"偏食"的说法。偏食是汉语与蒙古语同音词冲突形成的。蒙古语里的钱（蒙古语为"角斯"）对应在汉语中称为"角子"，当蒙古人进入中原后，发现汉语里还有一个东西与"角子"发音相同，那就是"饺子"，同音词冲突导致蒙古人把"饺子"称为"偏食"，以区别蒙古语中表钱义的"角子"。

倒喇：晋方言五台片阳曲、偏关、神池、定襄、保德、河曲、宁武等点表聊天、闲谈义的方言词读为"倒喇"（按：两字都为记音字），其源于蒙古语 daɡʊzahʊ（原指唱歌、说唱、演唱），汉语音译为"倒喇""倒啦""叨啦"等，这个词早在元明时期就被引入汉语（卢芸生，1995）。"倒喇"在明代仍用演唱的本义，如汤显祖《牡丹亭》四十七出："老旦白：'倒喇！倒喇！'丑白：'怎说？'贴白：'要娘娘唱个曲儿。'"元代有一种专门从事说唱艺术的人，蒙语称为"倒喇赤"，至明代，汉族人称之为"倒喇小厮"。《金瓶梅词话》第六十四回："内臣斜局的营生，他只喜《蓝关记》，捣喇小子胡歌野调，那里晓的大关目，悲欢离合。"可见，在元明时期，源自蒙古语的"倒喇"在汉语口语中使用广泛，今晋方言的"倒喇"也是元代汉语中蒙古语的遗存。

隙少：晋方言并州片太原、榆次、太谷等点表舒服义的方言词读为"隙少"，也记为"细少""幸稍"，本字不明。卢芸生（1995）认为汉语中的"隙少"是蒙古语 sain saɡʊjʊ 的音译，原义为安居、生活好，方言借入后表舒服义。如要表不舒服或身体患有小病义，则在"隙少"前加"不"。山西文水方言读"斯少 [ʂɿ³⁵sau⁴²]"，读音稍有变化，实际同出一源。

拿糕：晋方言大包片几个方言点中都有一种食物叫"拿糕"。"拿"非本字，是蒙古语 nanggy 音译的省略，原义为有黏性的、胶性的。方言借来与汉语的"糕"组成复合词，用以指称用高粱面、玉米面、莜麦面等，在沸水中边搅边煮而制成的糕状食品，凸显了该食物的黏性特点。（卢芸生，1995）

秃嘶（子）：晋方言五台片偏关方言称猫头鹰为"秃嘶子 [tʰuəʔ⁴ʂɿ²²tsəʔ⁴]"，有类似说法的还有保德、宁武、五寨、神池、河曲等点。"秃嘶"是蒙语 tusa ugei 的音译，原义是无利益的、不好的、糟糕的。汉语方言则借来指称"猫头鹰"。有时可在"秃嘶"之后加后缀"子"。"秃嘶"不仅口语中常用，而且在民歌中也有反映。《爬山歌选·上》第 55 页："秃嘶子落在烟洞上吼，保甲长害下俺们一堆活寡妇。"（卢芸生，1995）

（3）来自古羌语或其他少数民族语言的底层词

来子：今汾河片临汾等地把成熟的小麦读为"来 [lei²¹] 子"是古羌语的遗留（李绍明，2000）。《韵会》："来即秾，今小麦也。"《说文·禾部》："秾，齐谓麦秾也。"《诗经·周颂·思文》："思文后稷，克配彼天，立我烝民，莫匪尔极，贻我来牟。"古代汉族的麦子是从其他民族引进的。任乃强（1986）提出"古羌人将麦读为来，来字是象麦穗之形，用羌语之音"。上古音距今久远，尚无确切文献证据考证"麦"读为"来"是源于古羌语，本文以备一说。

交床：汾河片稷山方言将马扎叫作"交床"。交床原指一种有靠背、能折叠的坐具。宋程大昌《演繁露》记载："今之交床，本自房来，始名胡床……隋高祖意在忌胡……乃改交床。"现有史料无法确知"交床"是来自历史上哪个少数民族的词汇,但可推测"交床"一词是出现在南北朝时期的少数民族称谓。

(4)山西古地名、姓氏中保留少数民族语言的称谓

山西万荣文家村在元代称为"文也那",该称谓源自蒙古语"高地"的拉丁文转写 vendver,"把娄里"(现名为城西里)来自蒙古语 barun(王雪樵,2018)。宁武县有天池,位于管涔山分水岭上,《宁武县志》称其为"祁连池、祁连泊",保留了匈奴语的叫法。古匈奴称天为"祁连",我国青海省东北部与甘肃省西部边境的"祁连山"就来自古匈奴语,意为"天之山"。

山西太原市柏板乡有宇文村,该村古时因以宇文姓居民为主而得名。宇文姓氏源于北朝时鲜卑族宇文氏部落。山西北部忻州又有呼延村。"呼延"为匈奴之姓,建立了刘汉政权的匈奴人刘渊,其母就是匈奴呼延氏(张颔,2009)。今山西境内有单姓"呼"者,是呼延之单称。

山西东南沁水县有尉迟村,襄汾县有尉村,其名都来源于突厥姓氏尉迟。唐代著名大将尉迟恭就是突厥族。(张颔,2009)介休河村有茹姓来源于历史上的蠕蠕族(或称柔然),《魏书·官氏志》载:"蠕蠕入中国为茹氏。"《魏书》记载:"蠕蠕,东胡之苗裔,姓郁久闾氏。"这些古地名、人名中存在的民族语言的痕迹,既是山西历史上大量存在少数民族的实证,也是少数民族语言文化对晋方言文化的渗透。

3. 晋方言受少数民族语言语法的影响

(1)晋方言后置词"行"

山西定襄方言名词之后有后置词"行",表示名词所指示的方位、处所和范围等,如"树行"表示树的周围,"房行"表示房子周围(范慧琴,2004)。"行"的来源有多种说法,其中一种认为"行"是一个

语言接触过程中"借用"的语法单位，是用来对译蒙古语中的宾格、与格、位格、离格和属格的后置词（余志鸿，1987）。元代汉语有较为齐整的后置词系统，常用一些汉语固有词语，如"行/上/跟底/里"等来模拟蒙古语接尾词或后置词。这些词语已不是原来的意义，而是产生了新的语法意义。元代汉语的后置词在现代汉语中有的已经消失，有的仅保留在部分方言中，江蓝生（1998）列举大量山西太谷、孝义、文水、平遥、忻州的例子，认为"行"的本字是"上"，"行"是"上"的白读音，是汉语词而非蒙古语借词，但是她同时承认汉语中的"N行+VP"结构是受到蒙古语语序的影响产生的新结构。无论后置词"行"是否来自蒙古语，它作为后置词的用法都与蒙古语的影响密切相关。

（2）"（去）+VP+去"句式

现代汉语常见的语序是 SVO 语序，南方方言、西北方言中大量存在 SOV 的语序，以甘肃临夏话为例，其词汇主要来自汉语，而基本语序为 SOV（王森，1993），如：

①你你的尕娃管了不管？你管不管你的孩子？

②我阿藏学里去呢。我现在到学校去呢。

西北汉语方言中 SOV 语序的形成是受周边阿尔泰诸语言、藏缅语族诸语言影响所致，如阿尔泰东乡语、藏缅语族的羌语都是典型的 SOV 语言（杨永龙，2017）。晋方言不是典型的 SOV 语序语言，但是晋方言普遍使用的"VP+去"句式与 SOV 语序语言有关。北方方言大多使用"去+VP"句式，不常使用"VP+去"句式，而下江官话、西南官话和闽、粤、湘、吴等南方方言则大量使用"VP+去"句式（陆俭明，1985）。晋方言大量使用"VP+去"句式，这与南方诸方言相同，与北方方言不同。"VP+去"句式的产生与少数民族语言（南方主要是藏缅语族语言，北方则主要是阿尔泰诸语言）SOV 语序直接相关，

"去 +VP"句式与汉语 SVO 语序密切相关（杨永龙，2017）。今晋方言大量存在的"VP+ 去"句式反映了北方少数民族语言 SOV 语序对晋方言的影响。"去 +VP+ 去"句式在晋方言中也可以看到，这种句式是 SVO 型语言和 SOV 型语言接触产生的叠加形式，反映了山西历史上少数民族语言与汉语相互渗透、相互影响的事实。

七、晋方言与普通话的关系

（一）晋方言声母与普通话声母的关系

包括零声母在内，普通话共 22 个辅音声母，晋方言声母与普通话声母的不同主要表现在以下几方面。

1. 平翘舌音（即舌尖前与舌尖后声母）不分

在普通话声母系统中，平翘舌音分得很清楚。晋方言区部分地区将普通话的翘舌音读成平舌音，即只有 z、c、s 声母，而没有 zh、ch、sh、r 声母，如将"知"说成"资"、"持"说成"词"、"师"说成"丝"。长治、晋城、泽州等东南部方言点翘舌系统发达，反而将普通话的平舌音读成了翘舌音。

2. 唇齿音 f 与舌根音 h 不分

山西中部的祁县、平遥、介休、灵石，西部的交城、文水、孝义、离石、中阳、方山、兴县、石楼，以及南部的隰县、永和等地，没有 f 声母，将普通话的 f 声母读成了 h 声母，韵母也变成了相应的合口呼韵母，如将"斧子"说成"虎子"、"花费"说成"花卉"、"肥肠"说成"回肠"等。

3. 送气与不送气相混

山西中部的清徐、榆次、太谷、祁县、平遥、介休，西部的交城、文水、孝义等县市，将普通话中一部分送气声母 p、t、k、ch、c、q 读成了不送气声母 b、d、g、zh、z、j，如把"骑马"说成"基马"，"桃儿"说成"刀儿"等。

4. 鼻音声母 n 与边音声母 l 相混

山西高平市方言情况比较复杂，n、l 分混与韵母有关，具体表现为：在 [æ、ɒ、uəŋ、iæ、i] 韵母前全部读 n，在 [iɔu、iɤu] 韵母前全部读 l，在其他韵母前与普通话情况相同。

5. 尖团音有别

尖团音，即尖字与团字的声母读音，是汉语音韵学、方言学经常用到的术语，尖字是"精、清、从、心、邪"五母与齐齿呼、撮口呼相拼的字，团字指"见、溪、群、晓、匣"五母（含云母的"熊、雄"）与齐齿呼、撮口呼相拼的字。如果尖字与团字的声母读音不同，则说明分尖团；如果这两组字读音相同，则尖团合流。普通话不分尖团，所有的尖音和团音都读为舌面音 j、q、x，而山西的中部、西部、东南部地区仍分尖团，将普通话中来自精组的细音声母 j、q、x 读成舌尖前音 z、c、s，将普通话中来自见组的声母 j、q、x 读成 [c、cʰ、ç] 声母。

6. 舌尖中音 t 与舌面音 q 相混

山西北部忻州、西部静乐，把普通话中与齐齿呼韵母相拼的舌尖中音 t 读成舌面音 q，如将"天"读成"千"，"梯"读成"七"等。

7. 舌尖后音 zh、ch、sh、r 与唇齿音 [pf、pfʰ、f、v] 相混

山西中部的娄烦、西部的静乐将普通话中与合口呼相拼的舌尖后音读成唇齿音。

8. 零声母读成鼻音声母

晋方言区山西绝大部分地区将普通话零声母的部分开口呼韵母字读成 ng 声母，北部部分地区读成 n 声母；将部分零声母齐齿呼韵母字读成 [n̺] 声母。

（二）晋方言韵母与普通话韵母的关系

普通话共有 39 个韵母，分为单元音韵母、复元音韵母、鼻尾音韵母（简称单韵母、复韵母、鼻韵母）三大类。晋方言的韵母系统比普通话复杂，韵母的音值差异也比较大。主要表现为前鼻音韵母与后鼻音韵母相混、鼻音韵母与非鼻音韵母相混、后鼻音韵母与后鼻音韵母相混、复韵母与复韵母相混、单韵母与复韵母相混、单韵母与单韵母相混等。

1. 前鼻音韵母与后鼻音韵母相混

普通话的韵母系统中，前鼻音韵母与后鼻音韵母区分得很清楚，而晋方言区山西中部、北部、西部和东南部地区，将普通话的前鼻音韵母读成后鼻音韵母或鼻化韵母；山西东南部晋城等地，将普通话的后鼻音韵母读成前鼻音韵母，但忻州、吕梁、古交、娄烦的部分地区，将某些前鼻音韵母读成后鼻音韵母或者将某些后鼻音韵母读成前鼻音韵母，太原地区的前鼻音靠后而后鼻音靠前（听感上与普通话差异明显）。

2.鼻音韵母与非鼻音韵母相混

主要表现为两方面：一是普通话中的鼻韵母在晋方言中读鼻化韵母或元音韵母。如晋方言区山西祁县、汾阳、大宁、忻州、定襄、五台等地，将"三、缠、占"等字的韵母读成鼻化韵。二是"惊、清、星"等字的韵母读法与普通话不同。山西中部盂县、祁县、孝义、文水、交城、平遥等地读为单元音韵母 i，如"青菜"说成"期菜"、"命"说成"密"等；南部隰县、蒲县等地读为复元音韵母 ie，如"水井"说成"水解"等。这些字在当地都有成系统的对应关系，即一类鼻韵母对应一类非鼻韵母，对应关系是有规律可循的。

3.后鼻音韵母与后鼻音韵母相混

山西北部的天镇、怀仁、浑源、五寨、岢岚、保德、偏关、河曲以及中部的左权，内蒙古自治区的包头、固阳、巴彦淖尔、凉城、鄂尔多斯、集宁等地将普通话的 uang 韵母读成 ang 韵母，如把"阳光"说成"阳刚"。

4.复韵母与复韵母相混

复韵母与复韵母相混，主要表现在山西北部、西部的少部分地区和中部的个别县市把普通话的 ai、uai 韵母读成 ei、uei 韵母，如把"买"读成"美"，"坏"读成"会"。山西东南部地区把普通话中的 ao 韵母读作 ou 韵母，如把"要"读作"又"。

5.复韵母与单韵母相混

晋方言区部分县市把普通话的单韵母读成复韵母，有些县市又把复韵母读成单韵母。山西中部、南部、西部的大部分地区把普通话的 e 韵母读成 uo 韵母，如把"河"读成"活"，"歌"读成"锅"；很多县市把普通话的 u 韵母读成 ou 韵母，如把"路"读成"漏"，"苏"读成"搜"。山西中部交城、文水、祁县等地，将普通话的 uo 韵母读成 e 韵母，如把"多"读成"的"，"左"读成"者"。

6. 单韵母与单韵母相混

主要表现为晋方言区很多县市将圆唇 o 韵母读作不圆唇的 e 韵母，如把"波 bo"读作 be。

（三）晋方言声调与普通话声调的关系

声调是指一个汉字音节音高的高低、升降、曲直、长短的变化形式。方言与普通话最主要的差别除了声母与韵母外，还有声调的差别。普通话声调的调类有四个——阴平、阳平、上声、去声，晋方言声调的调类少则三种多则七种，差异主要表现在以下几个方面。

1. 入声是否分阴阳

在有入声的方言里，有的读作一个声调，有的读作两个声调，只有一个入声调的，主要分布在山西的北部、中部和东南部，内蒙古自治区及陕西部分县市；有两个入声调的（阴入和阳入），主要分布在山西中部、东南部、西部和南部的县市。

2. 平声是否分阴阳

普通话的阴平和阳平分得很清楚，而晋方言区山西中部、西部、东南部、北部、南部，内蒙古自治区中部，河北中部的一些方言点，阴平、阳平不分，读作一个声调，如"枪＝墙""清＝晴""分＝汾"等。

3. 阴平和上声是否区分

山西北部的忻州、定襄、原平，中部的阳曲，以及东南部的沁县等 18 个县市，阴平和上声单念时声调相同，如"弯＝晚""担担心＝胆""温＝稳"等。

4. 去声是否分阴阳

普通话中去声只有一个声调，调值为 51。山西东南部的长治、潞城、黎城、平顺、屯留、长子和西部的汾西等县市，去声分为阴去和阳去两个声调，如汾西话"变、盖、正、醉、到、创"是阴去，调值 55，"帽、汗、大、坐、赵、祝"是阳去，调值 53。

总之，与普通话相比，晋方言有其独特的语音特色，晋方言区的人在学说普通话时，一定要注意以下问题：一是读准声母。分清平翘舌音；分清 h—f、n—l；发准零声母，不要随意添加 n、ng 声母。二是读准韵母。首先要把 a 读得饱满到位，其次分清前后鼻音 n—ng，读准复韵母 ai—ei、ao—ou、ian—ie、üan—üe 等。三是读准调值。调类要区分清楚，调值要读到位，如读阳平时，不要在上升时随意下降或随意拐弯。注意这些难点音，晋方言区普通话学习者才能克服方言固有的发音习惯，将普通话说得字正腔圆。

八、晋方言的特点

（一）晋方言语音特点

1. 有入声调

有入声调是晋方言最主要的特点之一。入声是古代的一个调类，它的发音特点可概括为"又短又急"。之所以短、急，是因为入声字的韵尾都收辅音中的塞音，古代入声一般都是以 –b、–d、–g 作韵尾，现在南方很多方言还保留着这种入声韵尾。晋方言的入声特点是大多收喉塞音韵尾〔-ʔ〕。有塞音韵尾的音节不能延长，像榆次话中"石、八、月、不"，都是入声字。

2. 有系统的文白异读

文白异读是指一个字在不同的语言环境中有不同的读音。文读是指当地人与外地人交流或读书时的读音，白读是当地人之间口语交流时的读音。文白异读是成系统的、有规律性的。晋方言文白异读多在声母和韵母上，声母方面的文白异读，主要表现在送气与否；韵母方面的文白异读，主要表现在前后鼻音韵母与单韵母、复韵母之间的转换。

3. 单字调相同，连读变调不同

单字调有固定的读音，当两个或两个以上的音节连读时，单字调会发生变化。晋方言中存在大量的连读变调现象，而且变调形式多样。其中有一类特殊的变调值得注意，就是单字调相同的两个字，在连读时变调类型不同。

4. 分音词大量存在

分音词是指把一个音节分成两个音节来读的词语。前一个音节的声母是本词的声母，后一个音节的韵母是本词的韵母；前一个音节的韵母是入声韵，后一个音节的声母一律是边音l，因此有人称之为"嵌L词"。晋方言中，这种分音词从南到北普遍存在，以山西中部地区为最盛，如太原话"薄拉—拨、薄烂—拌、骨拢—滚、黑浪—巷、圪老—搅"等。

（二）晋方言词汇特点

1. 词缀丰富

晋方言有独特的词缀，在有入声的方言点，这些词缀多读入声。最典型的前缀有"圪、日、忽"等，其中"圪"能构成名词、动词、形容词、量词等，如"圪洞_{小洞}、圪缩_缩、圪朴_{发蔫、无精打采的样子}、圪节_{截，量词}"；"日"多构成形容词，如"日鬼_{机灵，贬义}、日能_{精明，贬义}"；"忽"多构成动词，如"忽摇_{摇动}、忽闪_{闪动}"。最典型的后缀有"子、儿、头"等，部分方言点有"子变韵母""子尾变调"现象，即采用直接改变词根的基本韵母的读音来表示普通话轻读的子尾词，如晋城话把"狮"读成 shi，而把与普通话对应的"狮子"读成 shiːe；垣曲话"孙"的单字调为 33，将 33 变读为 35，表示"孙子"之义。除"子、儿、头"外，还有名词性词缀"货、佬"，动词性词缀"达、呱"等。

2. 重叠形式多种多样

晋方言中有大量的重叠形式，它们多由名词、动词、形容词等构成。名词的重叠形式主要有 AA 式、ABB 式、AAB 式、AABB 式，如太原话的"腰腰_{背心}、牛牛_{小虫子}""圪牢牢_{小角落}、圪扭扭_{一点点}""金金纸_{金箔纸}""瓶瓶罐罐_{小瓶子、小罐子}"。动词的重叠形式主要有 AA 式、圪 AA 式、ABAB 式、圪 A 圪 A 式，如榆次话的"转转_{陀螺}""圪挖挖_{小坑或小洞}""拾掇拾掇_{收拾}""圪歇圪歇_{稍微歇一歇}"。ABAB 式、圪 A 圪 A 式都表示动作的短暂。形容词的重叠形式主要有 AA 式、圪 AA 式、ABB 式、A 圪 BB 式，如文水话的"尖尖_{尖儿}、红红_{胭脂或馒头上的红点}""圪朴朴_{发蔫的植物}""黑漆漆_{特别黑}""蓝圪莹莹_{特别蓝}"。AA 式和圪 AA 式多为名词。量词的重叠形式主要为 ABB 式，如交城话的"一勺勺""两下下""一阵阵"等。

（三）晋方言语法特点

1. 代词

晋方言中有些地区的指示代词有三分现象，如近指为"这"，中指为"那"，远指为"兀"。第三人称代词除了"他"外，山西中部的清徐、文水、平遥、介休、祁县等地还有"兀家"的说法。人称代词的复数形式除了加"们"外，还可以附"家、都"表示，山阴、偏关等地还可用变音表示。

2. 补语

可能补语：一般不用普通话的"得"字句式，而多用"动词＋补语＋了""能＋动词＋补语"两种句式。

结果补语：晋方言中多用"动词或形容词＋住（着）＋了"的句式。

趋向补语：以"去"为例，（1）趋向补语"去"和动词"去"在读音上不同；（2）"去"与"来"相对，组合成"起来""起去""得来""得去""将来""将去"；（3）趋向补语"去"兼有表时态的功能。

3. 疑问句

晋方言反复问句最常见的形式有三种：一是动宾短语＋语气词＋不＋动宾短语；二是动宾短语＋语气词＋不＋动词；三是动词＋语气词＋不。如太原话"吃饭咧不吃饭？""吃饭咧不吃（饭）？""吃咧不？"。

晋方言区山西中部、北部等地缺乏普通话中的正反问句，正反问句多由反复问句表示。

| 第二章 |
晋方言与普通话的语音差异

一、晋方言与普通话的差异

（一）声母差异

普通话共有包括零声母在内的 22 个辅音声母，从发音部位来看，可分为双唇音（b、p、m）、唇齿音（f）、舌尖前音（z、c、s）、舌尖中音（d、t、n、l）、舌尖后音（zh、ch、sh、r）、舌面前音（j、q、x）、舌面后音（g、k、h）七种。从发音方法来看，根据发音时气流受阻方式的不同，可分为塞音（b、p、d、t、g、k）、擦音（f、h、x、s、sh、r）、塞擦音（j、q、z、c、zh、ch）、鼻音（m、n）、边音（l）五种。根据发音时声带是否颤动，可分为清辅音和浊辅音两类，浊辅音只有 m、n、r、l 四个，其余的全部是清辅音。根据除阻时气流的强弱，塞音和塞擦音又可分为送气音和不送气音两类，发音时气流强的是送气音，如 p、t、k、q、c、ch，发音时气流弱的是不送气音，如 b、d、g、j、z、zh。

晋方言区各地的声母系统与普通话有一定的差异：普通话有的声母方言不一定有，如太原话没有普通话的翘舌音声母 zh、ch、sh、r；方言有的声母普通话也可能没有，如清徐话有鼻音声母 ng，而普通话却没有；同一类字，普通话读一类声母，方言却读成了另一类声母，如文水话将普通话的 f 声母读成了 x 声母。

要想学好普通话的声母，我们有必要掌握方言声母与普通话声母的音值、音类差异，进行声母辨正，分清哪些字的声母应该读成普通话的哪个声母，哪类字的声母应该读成普通话的哪类声母，在对比中找出二者的对应规律，从而真正掌握普通话的声母系统。

声母辨正可分为辨音练习、辨字练习。辨音练习，可分为两个层次：一是根据普通话的发音部位和发音方法，读准其声母；二是在与方言的对比中，掌握方言与普通话声母系统的对应规律。辨字练习，即在掌握普通话声母发音规律的基础上，记住哪些字发哪些音。如山西东南部的长治、黎城、平顺、壶关、屯留、长子等地无 r 声母，将普通话的 r 声母全部读成零声母，这些地区的普通话学习者首先要进行辨音练习，掌握普通话 r 声母的发音部位和发音方法；又因为在这些地区，普通话的 r 声母和零声母都读零声母，所以在学习时还要辨别哪些字读 r 声母，哪些字读零声母。

晋方言中有的声母在口语中与普通话差别很大，如普通话中的 zhu、chu，太谷话、娄烦话、静乐话口语中大多读［pfu、pfʰu］（少部分字除外）；普通话中的 j、q、x，壶关话、黎城话口语中大多读［c、cʰ、ç］。但这些读音往往只存在于当地人日常口语中，他们在读书或与外地人交谈时都会自觉地读成普通话的声母，并且这些普通话的声母在他们方言的声母系统里也存在，所以在学习普通话时，他们只要将这些方言中的声母自觉地读成普通话的声母即可，因此这种方音不是我们辨正的重点。

有一些看起来不难的音，真正想说好却相当困难，如 zh、ch、sh 与 z、c、s 两套声母，在很多方言中都有，一点都不陌生，但我们在学习普通话时却总是作为难点。有的方言点没有 z、c、s 声母，所以这些地方的人不习惯发 z、c、s；有的方言点没有 zh、ch、sh 声母，所以这些地方的人不习惯发 zh、ch、sh；有的地方的人虽然两套声母都很习惯，但方言中读 zh、ch、sh 声母的字却比普通话少，所以常常把普通话中一部分读 zh、ch、sh 声母的字念成 z、c、s 声母，而且这两套声母没有整齐划一的对应规律，要想掌握，必须经过大量的记忆。这些地区的方言声母是我们声母辨正的重点与难点。

本小节主要根据晋方言声母的实际情况，辨正重点难点方音，同时也将涉及方言点广的非重点辨正声母一并列出，以引起普通话学习者的重视，尽快学好普通话的声母系统。

"出钞"不是"粗糙"，"禅师"不是"蚕丝"
——分辨 zh、ch、sh 与 z、c、s

分辨并掌握普通话翘舌音 zh、ch、sh 与平舌音 z、c、s 两套声母是多数晋方言区学习者学习普通话的难点之一。晋方言这两类声母的情况，可分为三种类型：

（1）只有平舌音 z、c、s，没有翘舌音 zh、ch、sh，如将普通话中的"知"读成"资"、"齿"读成"此"、"师"读成"丝"。这种类型的方言点比较多，分布也较广，如山西中部的太原、古交、清徐、阳曲、榆次、太谷、祁县、寿阳、榆社、灵石、盂县，西部的交城、文水、中阳、柳林、岚县、兴县，东南部的长治、屯留、长子、沁县、武乡、襄垣，北部的广灵、怀仁、应县、平鲁、浑源、灵丘、神池、宁武、五寨、静乐、五台等。

（2）只有翘舌音 zh、ch、sh，没有平舌音 z、c、s，如将普通话中的"字"读成"治"、"词"读成"持"、"丝"读成"师"。这种类型的方言点较少，主要分布在山西东南部的晋城、陵川和高平等地。

（3）既有 zh、ch、sh，也有 z、c、s，但有的方言点读 zh、ch、

sh 声母的字比普通话少，读 z、c、s 声母的字比普通话多，普通话中很多读 zh、ch、sh 声母的字在这些方言点读成了 z、c、s 声母，如将普通话中的"芝"读成"资"、"迟"读成"词"、"师"读成"丝"。这种类型主要分布在山西中部的平遥、介休、娄烦、阳泉、平定、昔阳、和顺、左权，西部的隰县、大宁、永和、离石、汾阳、孝义、临县、方山、石楼，东南部的潞城、黎城、平顺，北部的大同、阳高、天镇、左云、右玉、山阴、繁峙、忻州、原平、定襄、代县、岢岚、保德、偏关、河曲，南部的蒲县等。有的方言点读 z、c、s 声母的字比普通话少，读 zh、ch、sh 声母的字比普通话多，普通话中很多读 z、c、s 声母的字在这些方言点读成了 zh、ch、sh 声母，如将普通话中的"责"读成"哲"。这种类型主要分布在山西东南部的阳城、沁水、沁源等地。

对于第一、二种类型方言点的学习者来说，首先要进行辨音练习，读准 z、c、s 或 zh、ch、sh。这就需要掌握 z、c、s 和 zh、ch、sh 的发音部位及发音方法，二者发音方法完全相同，不同的是发音部位：发平舌音 z、c、s 时，舌尖靠前，轻抵齿背；发翘舌音 zh、ch、sh 时，舌尖稍靠后，同时上翘顶住硬腭前部。

对于第三种类型方言点的学习者来说，关键在于辨字，即需要区分并记忆哪些字的声母读平舌音 z、c、s，哪些字的声母读翘舌音 zh、ch、sh。

"肩""牵""贤"读音要靠前
——j、q、x 舌位往前挪

晋方言区山西东南部的黎城、潞城、陵川、阳城、高平、平顺等地，将普通话读 j、q、x 声母的一部分字读成了介于 j、q、x 与 g、k、h 之间，听起来很像 g、k、h，但又比 g、k、h 靠前的音。这类字如"肩、牵、贤"等，与"精、清、心"声母读音不同，但普通话中这两类字的声母读音是相同的。普通话中没有这样的音，所以这些方言点的普通话学习者遇到这样的读音时，应将舌位往前移，改读成 j、q、x。

"飞机"不是"灰机"

——f 不要念成 h

晋方言区山西中部的祁县、平遥、介休、灵石，西部的交城、文水、孝义、离石、中阳、方山、兴县、石楼以及南部的隰县、永和等地，没有 f 声母，将普通话中的 f 声母读成了 h 声母，韵母相应地变成 u 或以 u 开头的合口呼韵母，如将"花费"说成"花卉"，"肥肠"说成"回肠"。

由于没有 f 声母，这些方言点普通话学习者应先学会 f 的发音，f 与 h 都是清擦音，二者的不同之处在于发音部位：f 的发音部位是位于口腔前部的上齿和下唇，而 h 的发音部位是位于口腔后部的舌根与软腭，两个声母的发音部位相距较远，所以学习者应勤于辨音练习。

"骑马"不是"基马"

——"送气""不送气"要分清

晋方言区山西中部的清徐、榆次、太谷、祁县、平遥、介休，西部的交城、文水、孝义等地，将普通话中一部分读送气声母 p、t、k、ch、c、q 的字读成不送气声母 b、d、g、zh、z、j，如把"骑马"说成"基马"，"桃儿"说成"刀儿"。这些字都属于中古全浊声母字，在普通话中多数读成阳平，普通话学习者可根据这个规律辨正读音。

"基本"不是"资本"，"西房"不是"私房"

——j、q、x 不读 z、c、s

晋方言区山西东南部的平顺、壶关、高平，西部的离石、汾阳、文水，中部的平遥、介休、阳泉、平定、寿阳等地，将普通话中一部分读 j、q、x 声母的字读成 z、c、s 声母，如"精、秋、修"等。由于声母读音不同，韵母也有相应变化，由原来的齐齿呼韵母变成了相应的开口呼韵母。这些方言点有与普通话一致的 j、q、x 声母，只是部分字读成 z、c、s 声母，所以普通话学习者要记住哪些字读 z、c、s 声母，哪些字读 j、q、x 声母。

"梯子"不要读成"妻子"
——t 不要读成 q

晋方言区山西北部的应县、朔州、平鲁、五台、神池、宁武、山阴等地，将普通话中一部分 t 声母与齐齿呼韵母相拼的字读成 q 声母，如将"问题"读成"问其"，"跳高"读成"翘高"等。这些方言点都有 t 声母，所以普通话学习者要分清并记住普通话哪些字读 t 声母，哪些字读 q 声母。

"恩爱""牙硬"丢声母
——区分零声母和辅音声母

零声母是指没有辅音的音节。普通话中的零声母在晋方言中多数读成辅音声母，主要有以下两种情况：

一是以 a、o、e 开头的零声母字（er 韵除外），如"爱、安、昂、袄、饿、恩、矮"等，其读音可分为以下三种情况：

（1）在晋方言区多数地区读成鼻音声母 ng。在普通话中，ng 只能作韵尾，不能作声母，因此普通话学习者要将这个声母去掉，改读成零声母。

（2）山西北部的部分地区，如大同、怀仁、右玉、应县、朔州、平鲁、浑源、灵丘、山阴等地，读成 n 声母。由于这些方言点也有读为 n 声母的字，所以普通话学习者要区分哪些字应该将这个声母去掉，哪些字应该保留。

（3）山西东南部的长治县、晋城，河北邯郸、成安、邢台等地大多读成舌根浊擦音［ɣ］声母。普通话中没有这个声母，因此普通话学习者要将这个声母去掉，改读为零声母。

二是以 i 开头的零声母字，如"牙、眼、阴、硬"等。晋方言区很多方言点都读成与 j、q、x 同部位的鼻音声母［ȵ］。这种现象分布较广，如山西中部的太原、清徐、娄烦、太谷、祁县、平遥，西部的离石、临县、文水、孝义、隰县、石楼等地。普通话中没有这个鼻音声母，普通话学习者只要将这个声母去掉，改读零声母即可。

"文""午""雾"不咬唇
——v 声母改读零声母

"物、舞、雾、武、午"等以 u 开头的零声母字在晋方言区多数地区读成 v 声母，韵母也相应地变成了开口呼。v 是与唇齿清擦音 f 相对的唇齿浊擦音，普通话里没有 v 声母，因此在读这类字时，普通话学习者应该避免上齿与下唇的接触，尤其是单韵母 u 一定不能读成 v 声母。

"瓤、弱、绕、热"都读 r
——注意 r 声母字的读音

在晋方言中，r 声母读音较为复杂，有的方言点读音与普通话完全相同，都读 r；有的方言点读音与普通话不同，且差异较大。主要可分为以下几种类型：

（1）将普通话中的 r 声母字全部读成［z］声母，如山西中部的太原、清徐、榆次、文水、寿阳、榆社、灵石、盂县、阳曲，西部的柳林、岚县、兴县，东南部的沁县、武乡，北部的怀仁、应县、平鲁、五台、浑源、灵丘、宁武、广灵等地。[z]与s是一对清浊相配的音素，即发s的同时振动声带，如太原话"认"字的声母。这些地区的普通话学习者应先学会r声母的发音，然后将方言中的[z]全部改读为r声母。r声母的发音部位与zh、ch、sh一样，发音方法与sh基本相同，只是sh是清音，发音时声带不振动，r发音时声带振动。

（2）将普通话中的r声母字一部分读成r声母，一部分读成[z]声母，如山西中部的平遥、孝义、介休、阳泉、平定、昔阳、和顺，西部的临县、方山，北部的忻州、定襄、原平。这些方言点的普通话学习者不存在辨音问题，将[z]声母改读为r声母即可。

（3）将普通话中的r声母字一部分读成r声母，一部分读成v声母，如山西中部的娄烦等地。这些地区的普通话学习者将v声母改读为r声母即可。

（4）将普通话中的r声母字一部分读成[z]声母，一部分读成v声母，如山西北部的静乐，南部的汾西等地。这些地区的普通话学习者将[z]声母、v声母改读为r声母即可。

（5）将普通话中的r声母字全部或部分读成零声母，如山西东南部的长治、潞城、黎城、平顺、壶关、屯留、长子等地全部读成零声母，中部的左权和东南部的陵川部分读成零声母。这些方言点的普通话学习者应该分清哪些字读r声母，然后全部改读即可。

（6）另外还有一些更为特殊的读音，如山西西部的中阳把普通话中的r声母字读成[nz]声母。这些地区的人在学习普通话时先要学会r声母的发音，然后将[nz]声母改读为r声母。

"锄地"不是"俗地"
——zh、ch不要读成s

晋方言区山西中部的清徐、文水、平遥、祁县、太谷、介休等地，将"铡、镯、锄、柴、茬、愁、馋、床、窗"等字的声母读成 s，这些字在普通话中一般都读 zh、ch 声母（读 zh 声母的字较少）。由于这些字数量不多，当地人学说普通话时加以注意即可。

"尿"不是"料"
——n、l 具体分析

晋方言区绝大多数方言点 n、l 声母分读而不混，但在山西高平市，情况比较复杂，n、l 分混情况与韵母有关，具体表现为：在［æ、ʋ、uəŋ、iæ、i］韵母前全部读 n，在［iɔu、iʮi］韵母前全部读 l，在其他韵母前与普通话情况相同。因此高平人在学习普通话时一定要特别注意这些情况。

（二）韵母差异

普通话共有 39 个韵母，根据韵头的不同，可分为开口呼、齐齿呼、合口呼、撮口呼四类，根据韵母的内部结构可分为单韵母、复韵母、鼻韵母三类。

晋方言韵母与普通话韵母差异较大，且比普通话的更为复杂，因此韵母辨正的难度更大一些。韵母辨正也包括辨音与辨字两个方面：辨音主要是在与普通话韵母对应的基础上纠正方音；辨字主要是在辨音的同时记住哪些字读这种韵母，哪些字不读这种韵母。

晋方言区各地韵母不尽相同，这里把涉及面较广、区分难度较大的方言韵母列出来重点练习；一些涉及面较大，但辨音难度不是很大的方言韵母也一并提出，以引起学习者的注意；一些特殊韵母由于涉及的方言点较少，暂不做辨正。

只要我们掌握了普通话韵母的发音要领及方言与普通话韵母的对应规律，再加上科学、勤奋地记忆、练习，就一定能够学好普通话。

"搬迁"与"帮腔"、"春分"与"冲锋"要分清
——区分前后鼻音韵母

普通话的鼻音韵母分前鼻音韵母和后鼻音韵母：前鼻音韵母的韵尾是 n，如 an、en、ian、in 等；后鼻音韵母的韵尾是 ng，如 ang、eng、ing、ong 等。晋方言区大部分方言点前后鼻音韵母与普通话有差异，学习和掌握普通话的鼻音韵母是晋方言区人们学习普通话的难点。

"搬迁"与"帮腔"、"蛮缠"与"盲肠"的读音
——分辨 an、ian、uan、üan 与 ang、iang、uang

在普通话中，"搬迁""蛮缠"这两个词的韵母是前鼻音韵母 an、ian，"帮腔""盲肠"这两个词的韵母是后鼻音韵母 ang、iang。晋方言区大多数方言点能区分"搬迁"与"帮腔"、"蛮缠"与"盲肠"韵母的读音，但山西中部的祁县、平遥、介休、灵石、盂县，西部的文水、孝义、石楼，东南部的长治、壶关，北部的忻州、定襄、五台，南部的汾西、大宁等地分不清这两类韵母。其中，文水、平遥、孝义、石楼、长治、壶关等地，两类韵母都读为后鼻音韵母；祁县、介休、灵石、盂县、大宁、忻州、定襄、五台等地，两类韵母都读为鼻化韵母。这两种类型的方言点都需要先进行辨音练习，再进行辨字练习。

首先，了解什么是前鼻音韵母、后鼻音韵母及鼻化韵母。

前鼻音韵母由一个或两个元音与一个前鼻音韵尾 n 组成，发音方法为：发出元音后，舌尖前升，直至抵住上齿龈，使气流回至鼻腔后从鼻孔处流出，发出鼻音 n 且能够延长。前鼻音韵母的元音受 n 的影响，舌位都较靠前。

后鼻音韵母由一个或两个元音与一个后鼻音韵尾 ng 组成，发音

方法为：发出元音后，舌根逐渐隆起，与软腭接触发出后鼻音 ng 且能够延长。后鼻音韵母的元音受 ng 的影响，发音都较靠后。

前后鼻音韵母主要区别在于发音部位前后不同，韵尾 n 由舌尖抵住上齿龈发出，韵尾 ng 由舌根接触软腭发出，由于舌头接触上腭前后部位的不同，所以发 n 与 ng 时开口度的大小也不同，发 n 时开口度较小，发 ng 时开口度较大。

发音时，软腭处于鼻腔和口腔中间，口腔通道和鼻腔通道都打开，当气流经过气管、咽腔后，一部分从口腔出来，一部分从鼻腔出来，口腔、鼻腔共鸣，这种带有鼻化色彩的韵母就叫鼻化韵母。晋方言区很多方言点都有鼻化韵母，普通话除了后鼻音韵母在儿化时变成鼻化韵母外，没有别的鼻化韵母。

分辨前后鼻音韵母的读音，可采用类推法和声韵配合规律、文白异读规律等帮助辨字。

（1）类推法

同一声旁，韵母常常相同。

前鼻音：

反——版板阪坂钣粄扳，返饭贩

免——勉娩冕，挽晚脕

宛——碗婉腕菀剜惋

元——园远沅，完玩，阮朊伔

后鼻音：

旁——榜磅傍镑谤塝雱，螃膀滂篣

良——狼浪郎廊琅莨，娘，粮

黄——簧磺潢璜癀蟥

（2）规律法

第一，利用声韵配合规律。如：

①普通话声母 b、p、m、d、t 不与 iang 相拼。在晋方言中，遇到这些声母与 iang 韵母相拼的，iang 韵母都应该改读为 ian 韵母，如"边、扁、变、篇、片、骗、棉、免、面、颠、电、天、甜"等字。

②普通话声母 d、t、n、l、z、c、s、r 不与 uang 韵母相拼。在晋方言中，遇到这些声韵相拼的字，应将 uang 韵母改读为 uan 韵母，如"端、短、段、团、暖、峦、卵、乱、钻、纂、窜、氽、酸、算"等字。

③普通话没有与前鼻音韵母 üan 相对应的后鼻音韵母 üang。所以，晋方言中凡是读 üang 韵母的字，都应该改读为 üan 韵母，如"卷、鹃、捐、全、权、选、宣、悬、远、员、原"等字。

第二，利用文白异读规律。如：

ang、iang、uang 韵母的很多字在晋方言区山西中部、西部和南部方言点都有白读音，如文水话将普通话的 ang 韵母读成近似 u 的韵母，孝义话将普通话的 ang 韵母读成近似 ei 的韵母，离石话将普通话的 ang 韵母读成近似 a 的韵母，岚县话将普通话的 ang 韵母读成 ie 韵母或 a 的鼻化音；西部隰县、永和，南部的蒲县将普通话的 ang 韵母读成 o 韵母或 e 韵母，将"将、想"等 iang 韵母字读成 ie 韵母，将"窗、床"等 uang 韵母字读成 uo 韵母。这些韵母只有在与本地人交流时才会使用，在读书或与外地人交谈时则会改读为 ang、iang、uang 韵母。而 an、ian、uan 韵母没有这样的文白异读现象，所以方言中有白读音的，普通话都应该读作 ang、iang、uang 韵母。

"春分"与"冲锋"、"缤纷"与"冰封"
——分辨 en、in、uen、ün 与 eng、ing、ong、iong

晋方言区大部分地区都分不清普通话前鼻音 en 组韵母与后鼻音

eng 组韵母。根据这两组韵母在方言中的具体音值，可分为以下三类：

一是将这两类韵母都读成前鼻音韵母。这种类型分布较少，如晋城等地，将"冲锋"读成"春分"、"冰封"读成"缤纷"、"征程"读成"真沉"。

二是将这两类韵母都读成后鼻音韵母。这种类型分布较广，如山西中部的太原、榆次、平遥、介休，北部的大同、天镇、阳高、怀仁、应县、繁峙，东南部的长治、壶关、沁县、武乡，以及内蒙古自治区包头、鄂尔多斯、呼和浩特、集宁、凉城等地，将"春分"读成"冲锋"、"缤纷"读成"冰封"、"真沉"读成"征程"。

三是将后鼻音韵母 ing、iong 分别读成前鼻音韵母 in、ün，将前鼻音韵母 en、uen 分别读成后鼻音韵母 eng、ong。这种类型分布相对第二种类型来说较少，如太原南郊、汾阳、五台等地，将"明镜"读成"民进"、"穷极"读成"群集"、"真沉"读成"征程"、"困乏"读成"空乏"。

以上第一种、第二种类型方言点的学习者应该先分别学会发后鼻音韵母、前鼻音韵母，然后记住哪些字读前鼻音韵母、哪些字读后鼻音韵母；第三种类型方言点的学习者要进行辨字练习，记住哪些字读前鼻音韵母，哪些字读后鼻音韵母。可以利用类推法和声韵配合规律、文白异读规律来辨正并记忆这两类韵母的字。

（1）类推法

前鼻音：

昆——棍，琨锟鲲焜醌鹍莨堒，混

云——运芸酝耘纭沄

后鼻音：

丰——蜂峰锋烽沣逢缝奉俸

同——铜桐筒，洞峒垌侗峒

丁——钉盯叮疔酊顶订，厅汀亭停婷，宁拧狞柠

（2）规律法

第一，利用声韵配合规律。如：

①普通话前鼻音韵母 en 一般不与声母 d、t、n、l 相拼（只有"嫩、扽"两字例外），所以与 d、t、n、l 声母相拼的都读后鼻音韵母 eng，如"灯、登、等、瞪、疼、腾、藤、誊、能、冷、棱、愣"等。

②普通话前鼻音韵母 in 一般不与声母 d、t、n 相拼（只有"您"字例外），所以与 d、t、n 声母相拼的都读后鼻音韵母 ing，如"丁、鼎、定、锭、听、廷、挺、霆、凝、宁、狞、拧"等。

第二，利用文白异读规律。如：

eng 与 ing 在山西中部、西部和南部方言点都有文白异读现象，如祁县将普通话中"冷、猛"等字的韵母 eng 读成 a 韵母，孝义将其读成 ia 韵母；大部分地区将普通话中"影、命"等字的 ing 韵母读成 i 韵母或 ie 韵母。这些读音仅在当地人交流时使用，在读书或与外地人交流时会自觉地改读为普通话的韵母，而前鼻音韵母 en、in 没有这样的文白异读现象，所以方言中有白读音的，普通话一定是后鼻音韵母。

"坚实"不读"结识"，"院子"不是"月子"
——区分 ian 与 ie，üan 与 üe

晋方言区山西中部的太原、清徐、阳曲、榆次、寿阳，北部的大同、天镇、怀仁、左云、右玉、山阴、繁峙、朔州、平鲁、浑源、代县，西部的临县、方山，南部的永和及东南部的晋城，以及内蒙古自治区包头、鄂尔多斯、呼和浩特、集宁、太仆寺旗等地，将普通话中的 ian、üan 分别读成 ie、üe，或者近似 ie、üe 的韵母，如把"肩、签"等字读成"结、切"，"圆、全"等字读成"月、瘸"。还有一些方言

点将 ian、üan 韵母都读成鼻化韵母。

ian、üan 韵母韵腹 a 的实际读音与 ie、üe 韵母的韵腹 e 基本相同，前者舌位比后者略低一些。二者的主要区别在于 ian 韵母与 üan 韵母为前鼻音韵母，有韵尾 n，发完韵腹时发音器官仍有动程；而 ie、üe 是由两个元音构成的复韵母，无韵尾，发完韵腹时发音即停止。

读 ie、üe 韵母的字大多来自中古入声字，这些字在晋方言中基本仍读入声，只有少数字与 ian、üan 韵母同音。普通话中读 ian、üan 韵母的字比读 ie、üe 韵母的字多，我们可以先将读 ie、üe 韵母的字记住，其余的字则读 ian、üan 韵母。

"妹妹"不念"卖卖"，"坏的"不是"会的"
——区分 ai 与 ei、uai 与 uei

普通话中的 ai 与 ei、uai 与 uei 两组韵母在晋方言中的读音有以下两种类型：

（1）ai 与 ei、uai 与 uei 两组韵母相混，"拜＝辈""坏＝会"。这种类型主要分布在山西中部的左权，西部的离石、中阳、柳林、临县、方山，北部的大同、阳高、天镇、怀仁、左云、右玉、神池、宁武、五寨、岢岚、偏关，以及内蒙古自治区的丰镇、商都、集宁等地。其中，五寨等地把这两类韵母都念成 ei 韵母，左权、大同等地念成近似 ei 的韵母。

（2）ai 与 ei 组韵母相混，uai 与 uei 组韵母不混。这种类型主要分布在山西中部的清徐、榆次、平遥、介休、交城等地，将 ai 与 ei 组韵母读成 ai 或近似 ai 的韵母。

ai 与 ei、uai 与 uei 两组韵母的区别在于韵腹，ai 与 uai 的韵腹是舌面后低元音 a，发音时舌位低、开口度大；ei 与 uei 的韵腹是舌面前半高元音 e，发音时舌位高、开口度小。两组韵母发音时口腔都有由大到小的动程，切记一定要将动程全部完成，否则发音会不准确。

普通话中 ei 组韵母字比 ai 组韵母字少，而 uai 组韵母字又比 uei 组韵母字少，我们在分辨这两组韵母字时可采用记少不记多的方法。

"禾苗"不是"活苗"
——区分 e、o 与 uo

晋方言区有些地区将普通话中的一部分 uo 韵母读成了 e 或者 ue 韵母，如"多"读成"的"，这种类型主要分布在山西中部的太原、清徐、榆次、太谷、交城、文水、祁县、平遥、孝义、介休、寿阳、榆社、娄烦、灵石、盂县、阳曲、昔阳、和顺、左权，西部的离石、汾阳、柳林、临县、方山、兴县、静乐、岚县等地。

山西西部的隰县、永和、汾西，东南部的沁水，北部的山阴、朔州、平鲁、浑源、灵丘、广灵等地与上述类型相反，将普通话中的一部分 e、o 韵母读成了 uo 韵母，如把"科""禾"的韵母读成与"多"相同的韵母。

辨别这两类韵母的关键是记住常用字中哪些应读 e 韵母或 o 韵母，哪些应读 uo 韵母，如：

读 o 韵母的有：波菠玻薄跛簸，坡颇婆破，磨魔馍

读 e 韵母的有：歌哥戈个，阿~读鹅蛾俄讹饿，河何荷和禾贺，科棵颗可课

读 uo 韵母的有：多朵剁惰垛，拖驮驼妥唾，挪糯，罗箩锣骡螺胳裸瘰摞，搓矬锉，左佐坐座，梭蓑锁，过锅果裹，火祸货和，窝倭我卧

"买醋"不念"买凑","炉子"不是"娄子"
——区分 u 与 ou

晋方言区大多数地区把普通话中 u 韵母的部分字读成 ou 韵母，如"路＝漏、租＝邹"等，这种类型主要分布在山西中部除了阳泉、平定、昔阳、和顺、左权以外的县市，北部除了应县、繁峙、浑源、灵丘、广灵以外的县市，以及东南部的沁源、沁县、武乡、襄垣，南部的永和、大宁、蒲县、隰县等地。这些字集中在古遇摄合口一等精组、三等庄组和通摄精、知、庄、章组的入声字以及现在读 n、l 声母的 u 韵母字。

在各方言点，u 与 ou 韵母的辨音不是难点，关键是记住哪些字读 u 韵母，哪些字读 ou 韵母。

以下是晋方言中容易读成 ou 韵母的 u 韵母字（因地区不同各地略有差异）：

lu：撸噜卢炉芦颅庐栌轳鲁橹虏掳卤赂路露潞璐鹭

nu：奴驽努弩怒

cu：粗醋蹴

zu：租组阻祖诅俎

zhu：竹助筑祝

su：苏酥素诉塑速

chu：初锄楚础触畜

shu：梳蔬舒疏叔淑孰熟塾数属束漱恕

"阳光"不能读成"阳刚"
——区分 ang 与 uang

晋方言区山西北部的天镇、怀仁、浑源、五寨、岢岚、保德、偏关、河曲，中部的左权，以及内蒙古自治区的包头、固阳、巴彦淖尔、凉城、鄂尔多斯、集宁等地，没有 uang 韵母，将普通话中的 uang 韵母都读成 ang 韵母，如将"光"读成"刚"、"筐"读成"康"、"黄"读成"杭"等。

ang 与 uang 的区别在于是否有韵头 u，这些方言点的人应学会在 ang 韵母前面加上韵头 u，读出 uang 韵母，然后辨别哪些字应该读成 uang 韵母，哪些字仍读 ang 韵母。

"介"应该读"借"
——要把 iai 读成 ie

普通话中"借、野"等字的韵母与"介、街"等字的韵母相同，都读 ie，但在晋方言区的一些地区两类字韵母的读音却不相同，"介、街、解"等字读 iai 韵母。这种类型主要分布在山西中部的太谷、祁县，西部的文水、孝义、汾阳、岚县、兴县、大宁、永和、汾西，南部的蒲县，北部的忻州、定襄、五寨、保德、偏关，以及陕西的吴堡等地。

由于普通话中没有 iai 韵母，所以这些方言点的人在学习普通话时只要将 iai 韵母全部改读为 ie 韵母即可。

"儿""梨""驴"韵母不同
——区分 er、i、ü 三个韵母

普通话中"儿""梨""驴"三类字的韵母不同，分别读成 er、i、ü。在晋方言中，这三类字的读音可分为以下两种类型：

（1）三类字的韵母与普通话相同，不相混，韵母也基本一致。这种类型分布在晋方言区大多数地区。

（2）三类字韵母相混。这种类型只分布在晋方言区个别地区，具体音值又有一些差异。如山西东南部的沁县话将"儿""梨""驴"三

类字都读成 er；武乡话将"儿"和"梨"都读成 l（自成音节）。还有的方言点虽然这三类字韵母不同，但"梨"都读成 ei 韵母，"驴"都读成 uei 韵母，如山西中部的平遥、孝义、介休、寿阳、榆社、娄烦、阳泉、平定、昔阳、和顺、左权和西部的临县等。

这些方言点的普通话学习者要学会自己方言中没有的韵母，然后注意区分这三类字的韵母读音。

"否定"不读"斧定"
——不要把 ou 读成 u

普通话中"否"与"斧"读音不同，但晋方言区大部分方言点都将普通话中部分唇音声母后的 ou 韵母读成 u 韵母，如"否、缶、某、谋、牟、哞、眸"等。普通话中这类字很少，我们在日常说话时多加注意即可，对于一些使用频率很高的字要多加记忆。

（三）声调差异

声调是指音节的高低升降、曲直长短的变化形式，是汉语音节的三大要素之一。汉语的声调具有区分意义的作用。声调主要从调类和调值两方面观察，调类是根据调值而划分的声调种类，调值就是声调的实际读法。普通话有四个调类，分别为阴平、阳平、上声与去声，调值分别为 55、35、214、51。

晋方言的声调比较复杂，与普通话声调存在着诸多差异：一方面表现为方言与普通话的调值不一样；另一方面则表现为方言与普通话的调类不同，即中古四声的分合关系各不相同，因而一些字在方言和普通话调类中的具体归属不一样。声调是晋方言区人学习普通话的重点与难点，学习普通话的声调，既要注意读准调值，又要注意区分调类。

读准调值。学习普通话的声调，首先要读准调值，既要清楚地念出"平、升、曲、降"的区别，又要掌握好高低升降的程度。如隰县话的非入声调类调值分别为：阴平 53、阳平 24、上声 44、去声 22。因此，隰县人学习普通话时，对于这些非入声调可以用自己方言的调值去"套"普通话的声调：将方言阴平 53 调值读成普通话阴平的 55 调值，阳平 24 调值读成普通话阳平的 35 调值，上声 44 调值读成普通话上声的 214 调值，去声 22 调值读成普通话去声的 51 调值。虽然隰县话也有降调 53，但与普通话去声 51 调值降幅不同，因此隰县人在学习普通话时容易将去声读成 53。又如忻州话的阴平、上声都读成 313，这个调值类似于普通话上声 214，因此忻州人说普通话时有时会将上声读成 313。

区分调类。上面列举的隰县话的非入声调只是调值与普通话不同，调类基本相同，都是阴平、阳平、上声、去声四个。而晋方言区大部分方言点不仅在调值上与普通话存在很大差异，在调类的分合上也与普通话存在很大差异。学习普通话时，我们可以采用以下方法：与普通话调类分合相同的部分，可以采用对应方法掌握其声调，如太原话上声与去声两个调类与普通话基本相同，上声读 53 调值，去声读 45 调值，太原人把读 53 调值的字改读为 214，把读 45 调值的字改读为 51 即可；而对于调类不同的部分，则需要特别注意。

下面根据晋方言声调的实际情况，辨正重点难点声调，帮助普通话学习者学好普通话的声调系统。

方言中保留了古入声
——说话不要太短促

普通话中已经没有入声，约 680 个古入声字在普通话中分别读成了阴平、阳平、上声和去声。古入声字在今晋方言中的读音可分为两类：

（1）所有的入声都读一个声调，即只有一个入声调。这种类型主要分布在山西北部、中部和东南部，内蒙古自治区及陕西部分县市。如山西的大同、阳高、天镇、怀仁、左云、右玉、应县、山阴、浑源、灵丘、朔州、平鲁、神池、宁武、五寨、岢岚、河曲、保德、偏关、繁峙、忻州、定襄、原平、五台、代县、阳泉、平定、昔阳、和顺、左权、长治、沁源、晋城、沁水、阳城、高平，内蒙古自治区的固阳、武川、土默特左旗、托克托、五原，陕西的榆林、横山、延安、志丹、延川、安塞、延长、甘泉等。

（2）入声读成两个声调，即有两个入声调，分别称为阴入和阳入。这种类型主要分布在山西中部、东南部、西部和南部的县市，如太原、古交、清徐、榆次、太谷、祁县、平遥、孝义、介休、寿阳、榆社、娄烦、盂县、灵石、阳曲、潞城、黎城、平顺、壶关、屯留、长子、沁县、武乡、襄垣、陵川、交城、文水、汾阳、离石、中阳、柳林、石楼、临县、方山、兴县、岚县、静乐、交口、永和、大宁、汾西、蒲县等。

这些方言中的入声字在普通话中的读音有一定的规律，学习普通话时，首先要掌握这些规律，规律外的入声字主要靠勤说多练来掌握。根据"记少不记多"的原则，可以先记住今归上声和阴平的入声字，再记今归阳平的入声字，最后用排除法记今归去声的入声字。另外，声调分不清，可以从声母方面找一些规律：若一个音节的声母是 m、n、l、r 或零声母时，则其多数归入去声。因此只要记住少数例外字，把其他字念成去声就可以了。这些例外字如下：

归入阴平的：摸、一、屋、压、鸭、押、挖、约

归入阳平的：膜、额、没

归入上声的：抹、恶ᵉ心、乙、辱

晋方言中有两个入声调的还可以记住这样一条规律：古阳入字在普通话中多数归阳平，如"局、宅、食、杂、合、舌、俗"等，只有少数例外，如：

归入阴平的：夕、突、凸

归入上声的：蜀、属

归入去声的：寂、特、缚、鹤、秩、术、述、恤、涉、剧、续、或、惑、获

"天地"不是"田地"
——阴平、阳平要分开

晋方言区山西中部、西部、东南部、北部、南部，内蒙古自治区中部，河北中部的一些方言点，将普通话中的阴平和阳平读成同音，如"天＝田""轰＝鸿"。这种类型分布在山西的太原、清徐、榆次、太谷、祁县、平遥、介休、寿阳、榆社、娄烦、孝义、交城、文水、高平、山阴、繁峙，内蒙古自治区的呼和浩特、卓资、凉城、商都、太仆寺旗、化德、察哈尔右翼前旗、察哈尔右翼中旗、察哈尔右翼后旗、集宁、兴和、丰镇、二连浩特，河北的张家口、宣化、张北、康保、尚义、沽源、万全、怀安、阳原、崇礼、怀来、涿鹿、赤城、灵寿、平山、鹿泉、元氏、赞皇等地。

这些方言点的普通话学习者要注意将普通话中的阴平字和阳平字区分开来。辨别这两类字可以采用规律记忆法：

（1）声母是 m、n、l、r 的字在普通话中一般读阳平，如"麻、迷、模、难、拿、牛、离、来、牢、如、人、容"等。

（2）声母是 b、d、g、j、zh、z 等的字（古入声除外），在普通话中多读阴平，如"巴、杯、兵、低、堆、跟、刚、抓、知、争、宗、

增"等。

除规律记忆法外，不合规律的字主要靠平日留心积累，勤查字典来记忆，也可以采用记少不记多的方法。另外，不同地区还可以根据当地的语音特点找规律，如山西中部的文水、交城等地，将普通话中声母是送气音 p、t、q、ch、c 的"婆、陪、桃、甜、钱、骑、荞、迟、虫、财"等字，读成不送气的 b、d、j、zh、z 声母，这些字一般都读阳平，普通话学习者可以充分利用这一特点记住读阳平的部分字。

孝义人还有一种方法可以分辨阴平和阳平：有些字单念时不分阴平、阳平，如"葱"和"虫"，单念声调相同，都是低平调 11 调值，但在"葱儿"和"虫儿"这两个词中，"葱"发生了变调，成了高降调 53，"虫"仍然保持不变；再如"官"和"盘"调值也都是11，但在"官儿"和"盘儿"中，"官"变成了降调 53，"盘"不变调，仍读 11。这种单字调和在词语中念法不同的字，在普通话中读作阴平 55；单字调和在词语中念法相同的字，在普通话中读作阳平 35。

"东"不念"懂"，"西"不念"喜"
——阴平、上声调不同

山西北部的忻州、定襄、原平、五台、代县、浑源、灵丘、朔州、平鲁、神池、宁武、五寨、岢岚、保德、偏关、河曲，中部的阳曲以及东南部的沁县等地，阴平和上声单念时声调相同，如"烧 = 少 多少""将 = 讲"。

区别这两类字，要靠平时勤练多记，也可根据当地方言与普通话的对应找一些可以帮助记忆的方法。

（1）声母是 m、n、l、r 的一般都是上声字，"妈、猫、扔"等例外。

（2）利用单字调在连读变调中的变调来区别阴平和上声。如忻州话阴平和上声的单字调一样，都是降升调313，但是阴平和阴平连读时，前字变成中平调，调值为33，后字变成低降调，调值为31，如"交通、阴天"等；上声和阴平连读时，前字变成高降调，调值为42，后字不变调，如"野鸡、母猪"等。利用前字的调型，学习者可以区分出普通话中哪些字读阴平，哪些字读上声。

"布""步"声调应一致

——合并阴去、阳去

普通话中去声只有一个声调，调值为51，但在山西东南部的长治、潞城、黎城、平顺、屯留、长子和西部的汾西等地，去声分为阴去和阳去两个调类，如汾西话"变、盖、正、醉、到、错"是阴去，调值55，"帽、汗、大、坐、赵、祝"是阳去，调值53。这些字在普通话中都读51调值，所以这些方言点的普通话学习者只要把自己的两个调合并成一个调，再将调值的终点降到1即可。

二、晋方言与普通话的不同音变

（一）连读变调

声调是指音节单念时的调值，在语流中，两个或两个以上音节连读时，一些音节的声调往往会发生变化，这种现象叫作连读变调。普通话的连读变调规律较为简单，主要有上声变调、"一、不"变调和形容词重叠变调。

1. 上声变调

普通话中的上声调值为214，其变调模式可分为两种：一是上声与上声连读时的变调，一是上声与非上声连读时的变调。

（1）上声与上声连读变调

①两个上声连读时，前一个上声变阳平，即前一个上声的调值由214变成35。如：

剪彩　　奶粉　　洗脸　　小米

②两个上声连读时，如果后一音节原为上声，在此词语中改读轻声，前一个上声则有两种不同的变调，有的变为35调值，有的变为21调值。如：

捧起　　等等　　讲讲　　想起　（变为35）

嫂子　　姐姐　　毯子　　奶奶　（变为21）

③在单音节动词重叠式中，后一音节读轻声，前一上声音节由214调值变读为35调值。如：

走走　　想想　　洗洗　　哄哄

④三个上声连读时，根据词语内部层次的不同，前两个音节有两种不同的变调。一种是第一音节调值变读为21，第二音节调值变读为35；一种是前两个音节调值都变读为35。如：

想洗澡　　小雨点　（21+35+214）

演讲稿　　草纸本　（35+35+214）

⑤三个以上上声音节连读时，可以将词语内部结构切分后根据前几条变调规律变调。如：

理想／很美好

我想／给你／买五本／草稿纸

（2）上声与非上声连读变调

①上声在非上声音节前，由214调值变读为21调值。如：

在阴平前：摆脱　　导师　　紧张　　首先

在阳平前：保持　　伙食　　羽毛　　主席

在去声前：胆量　　短处　　反对　　口号

②上声在非上声轻声音节前，由214调值变读为21调值。如：

尾巴　　起来　　宝贝　　里头　　老实

2."一、不"的变调

"一、不"单念或用在词句末尾，以及"一"在序数中，声调不变，读原调，"一"读55调值，"不"读51调值。在下列情况下，"一、不"发生变调。

（1）在去声前，"一、不"一律变读为35调值。如：

一套　　一辆　　一气　　一样　　不会　　不在　　不慢　　不便

（2）在非去声（即阴平、阳平和上声）前，"一"一律变读为去声51，"不"仍读原调。如：

一餐　　一人　　一米　　不轻　　不如　　不小

（3）嵌在动词或形容词重叠式中间时，"一、不"变读为轻声。如：

听一听　　　谈一谈　　　想一想　　　晾一晾

听不听　　　来不来　　　苦不苦　　　去不去

（4）"不"在可能补语中也读轻声。如：

做不好　　　来不了　　　起不来　　　吃不下

"一、不"在晋方言中都读为入声，普通话学习者一定要先读准这两个字的单字音，并在此基础上熟记变调规律。

3.形容词重叠变调

①单音节形容词重叠，后字一律变读为55调值。如：

高高（儿）的　　多多（儿）的　　甜甜（儿）的　　长长（儿）的

远远（儿）的　　好好（儿）的　　快快（儿）的　　胖胖（儿）的

②单音节形容词重叠，后缀有时读成阴平55调值。如：

冷飕飕　　白生生　　亮堂堂　　热腾腾　　沉甸甸　　绿油油

但也有读原调的，如"软绵绵、金灿灿"等。

③双音节形容词重叠，第二个音节变读为轻声，第三、四个音节有时读成55调值。如：

认认真真　　老老实实　　慢慢腾腾

4. 晋方言中的连读变调

晋方言中的连读变调现象普遍而复杂，连读变调可以发生在两个音节之间，也可以发生在三个、四个甚至更多音节之间，但一般都以两个音节的连读变调为基础，此处主要介绍晋方言两字组的连读变调情况。晋方言中除了非重叠非轻声两字组的变调外，还包括非重叠两字组轻声变调和重叠两字组变调。

据乔全生（2023，1999—2023）调查记录，山西110多个县市基本都有非重叠两字组的连读变调现象，这些连读变调大多是语音层面的变调。有的方言两字连读时，前字发生变调，如：

介休　　平声13+ 平声13 → 33+13　　　高低　　农村

　　　　上声423+ 平声13 → 42+13　　　火车　　雨衣

　　　　阴入12+ 去声45 → 3+45　　　　笔记　　法院

石楼　　阴平213+ 阳平44 → 21+44　　高楼　　今年

　　　　阴平213+ 去声51 → 21+51　　光棍　　清淡

有的方言两字连读时，后字发生变调，如：

寿阳　　阴平31+ 阴平31 → 31+22　　　浇花　　交通

　　　　阳平22+ 阴入2 → 22+54　　　　常识　　形式

　　　　去声45+ 阳入54 → 45+21　　　中毒　　正直

临县　　阴平 24+ 上声 312 → 24+31　　　　山水　　村里

　　　　阳平 33+ 阳入 24 → 33+31　　　　　零食　　粮食

还有的方言两字连读时，前后两字都会发生变调，如：

交口　　阴平 323+ 阴平 323 → 23+32　　　海军　　水果

　　　　阴平 323+ 阳平 44 → 32+23　　　　青年　　花瓶

长治　　阴平 312+ 阳平 24 → 31+54　　　　冰凌　　工钱

　　　　阳平 24+ 阴去 44 → 22+54　　　　　文化　　群众

　　　　上声 535+ 入声 53 → 53+5　　　　　请客　　草药

晋方言两字组连读变调的复杂性还表现在相同的连读模式可能出现多种变调模式，其变调规律尚不明显，如：

长治"阴平 312+ 上声 535"有三种变调模式：

24+53　　担保　　　修改

24+535　　莴笋　　　输水

31+35　　端午　　　沙眼

"上声 535+ 上声 535"有三种变调模式：

53+53　　冷水　　　米酒

55+312　　小米　　　晌午

53+54　　老鼠

翼城"阴平 53+ 阳平 12"有两种变调模式：

12+53　　清明　　　今年

44+44　　天明　　　梳头

"阴平 53+ 上声 44"有三种变调模式：

12+44　　大米　　　地埂

12+53　　跳舞　　　下水

44+44　　稻草　　　禁止

"阳平 12+ 阳平 12"有三种变调模式：

53+12	年时	鲫鱼
44+12	鱼鳞	油条
12+44	围脖	围裙

部分方言也会因语法结构不同导致连读变调不同，如山西平遥方言述宾结构与偏正结构的两字组连读变调模式不同，"下坡"为述宾结构时读为"xa$^{35\text{-}13}$ p^{h}ei^{13}"，为偏正结构时读为"xa^{35} p^{h}ei^{13}"。

晋方言的轻声变调主要指两字组后字轻声的变调，常常称之为"重轻式后字变调"，晋方言重轻式两字组后字轻声的调值主要有四种类型：

第一，轻声不轻，随前字变化。这样的轻声保留固定的音值和调域，其调值依前字的高低升降而变化。这种类型主要分布在山西中部，如盂县方言两字组轻声变调中，前字读阴平或阴入时，后字轻声调值为44；前字读阳平、上声或阳入时，后字轻声调值为212；前字读去声时，后字轻声调值为22。如：

阴平 412+ 阴平 412 → 412+44	东西	姑父
阴入 <u>2</u>+ 阳平 22 → <u>2</u>+44	木头	骨头
阳平 22+ 阳平 22 → 22+212	年时	财迷
上声 53+ 阳平 22 → 53+212	老婆	里头
阳入 <u>53</u>+ 上声 53 → <u>53</u>+212	学里	铁铲
去声 44+ 上声 53 → 44+22	豆腐	善友

再如太原方言，前字是非去声的，后字轻声多读45；前字是去声的，后字轻声多读53。如：

平声 11+ 平声 11 → 11+45	东西	衣裳
平声 11+ 上声 53 → 53+45	云彩	朋友
上声 53+ 平声 11 → 53+45	暖和	姐夫
阴入 2+ 平声 11 → 2+45	骨头	客人

去声 45+ 平声 11 → 45+53   正经   地方

去声 45+ 去声 45 → 45+53   路上   看见

第二，轻声不轻，固定调值。两字组后字的读音既不轻也不短，形成了与方言单字调不同的新声调，两字组的轻声变调趋于一致。如孝义方言有平声 11、上声 312、去声 53、阴入 2、阳入 312 五个单字调，无论本调如何，轻声变调都会变为 53。如：

平声 11+ 平声 11 → 11+53   精明   朱砂

平声 11+ 阴入 2 → 11+53   筋骨   猪血

阴入 2+ 上声 312 → 2+53   磕打   节省

上声 312+ 阳入 312 → 312+53 或 31+53   老实   扁食

第三，读音轻短，固定调值。两字组后字的读音轻短，调值不受前字及本调制约，调值一致。如晋城方言、怀仁方言轻声都读作短调 2，其调值与前一个字的声调无关。

晋城	阴平 33+ 去声 53 → 33+2	家具	规矩
	阳平 324+ 阳平 324 → 324+2	来源	人民
	阳平 324+ 上声 213 → 324+2	长短	牛马
	上声 213+ 去声 53 → 213+2	韭菜	体面
怀仁	阴平 42+ 阴平 42 → 42+2	夫妻	乌鸦
	阳平 312+ 上声 53 → 312+2	朋友	柴草
	上声 53+ 去声 24 → 53+2	女婿	晚辈
	入声 4+ 入声 4 → 4+2	克服	直接

第四，部分轻声读音轻短，部分轻声调值固定。山西南部方言（大多是与晋方言毗邻的中原官话汾河片方言）后字读轻声时，根据前字声调不同，后字轻声有的读得又轻又短，有的则读为固定的调值，既不轻也不短。如万荣城关方言两字组变调，前字为非阳平时，后字轻声读音轻短；前字为阳平时，后字读为固定的调值 33。如：

阴平 51+ 阴平 51 → 51+0   星宿   漆灰

上声 55+ 阳平 213 → 55+0   暖壶   母牛

去声 33+ 上声 55 → 33+0   柿子   露水

阳平 213+ 阴平 51 → 213+33   棉花   馄饨

阳平 213+ 阳平 213 → 213+33   媒人   头前

阳平 213+ 上声 55 → 213+33   行李   蚊子

阳平 213+ 去声 33 → 213+33   螃蟹   蚊帐

晋方言重叠两字组变调规律更为复杂多样，以重叠后字变调为多，也有重叠前字变调和重叠前后两字都变调的情况。重叠后字变调有的读轻声，轻声轻短；有的既不轻也不短，有固定的调值；有的不读轻声，有自己的变调规律。如：

重叠前字变调，后字不变调：

岢岚	阴平 13+ 阴平 13 → 21+13	嫂嫂	姑姑	奶奶	想想
宁武	上声 213+ 上声 213 → 21+213	姐姐	嫂嫂	本本	点点
偏关	阳平 44+ 阳平 44 → 23+44	娃娃	苗苗	头头	糊糊

重叠前字不变调，后字变调：

柳林	上声 312+ 上声 312 → 312+24	姐姐	草草	镲镲	嫂嫂
临县	阴平 24+ 阴平 24 → 24+52	天天	边边	蛛蛛	腰腰
	阳平 33+ 阳平 33 → 33+31	馍馍	娘娘	婆婆	姨姨

重叠后字读轻声，轻声轻短：

方山	阳平 44+ 阳平 44 → 44+0	蛾蛾	娘娘	瓶瓶	棱棱
	去声 52+ 去声 52 → 52+0	大大	泡泡	袋袋	样样
	阴入 4+ 阴入 4 → 4+0	插插	吃吃	喝喝	叔叔

重叠后字读轻声，调值固定：

太原小店	平声 11+ 平声 11 → 11+11	爷爷	刀刀	天天	边边
	上声 53+ 上声 53 → 53+11	婶婶	本本	奶奶	伯伯

去声 24+ 去声 24 → 24+11　　　　舅舅　妹妹　畔畔　缝缝

孝义　　阳平 33+ 阳平 33 → 33+11　　　　尘尘　蛾蛾　匙匙　姨姨

上声 312+ 上声 312 → 31+11　　　　火火　婶婶　嫂嫂　姐姐

重叠前字和后字都变调：

文水　　平声 22+ 平声 22 → 23+42　　　　听听　陪陪　天天　馍馍

上声 423+ 上声 423 → 42+22　　　　点点　草草　粉粉　眼眼

交口　　阴平 323+ 阴平 323 → 32+43　　　　姑姑　边边　蛛蛛　钉钉

有的方言由同一语素构成的重叠式名词与重叠式动词的变调也不相同，在学习普通话时需要加以注意，如表 2-1：

表 2-1　平遥、和顺方言名词重叠与动词重叠变调表

方言点	重叠式名词	重叠式动词
平遥	筛筛 sæ$^{13-31}$sæ$^{13-35}$ 糊糊 xu^{13}xu^{13} 擦擦 tsʰʌʔ$^{13-31}$tsʰʌʔ$^{13-35}$	筛筛 sæ$^{13-35}$sæ$^{13-31}$ 糊糊 xu$^{13-35}$xu$^{13-31}$ 擦擦 tsʰʌʔ$^{13-35}$tsʰʌʔ$^{13-31}$
和顺	梳梳 su^{31}su$^{31-33}$ 奶奶 nai^{35}nai$^{35-54}$ 刷刷 suaʔ^{21}suaʔ$^{21-22}$	梳梳 su$^{31-33}$su^{31} 奶奶 nai$^{35-55}$nai$^{35-54}$ 刷刷 suaʔ^{21}suaʔ^{21}

（二）儿化

所谓儿化，是指一个音节中韵母带上卷舌色彩的一种特殊音变现象。这种卷舌化了的韵母就叫儿化韵，原韵母叫基本韵母，如"瓜 gua"中的 ua 是基本韵母，将元音 a 卷起舌头来发音，就念成了"瓜儿 guar"，uar 为儿化韵母。

普通话儿化的发音规律主要如下：

（1）基本韵母韵腹或韵尾是 a、o、e、ê、u（包括 ao、iao 中的 o[u]）的，儿化时基本韵母直接卷舌。如：

a → ar 号码儿　　　　ia → iar 豆芽儿　　　　ua → uar 香瓜儿

o → or 小坡儿　　　uo → uor 车座儿　　　u → ur 小图儿

e → er 小河儿　　　ie → ier 半截儿　　　üe → üer 丑角儿

ao → aor 小刀儿　　　iao → iaor 饭票儿

ou → our 小狗儿　　　iou → iour 小牛儿

（2）基本韵母韵尾是 i、n（除 in、ün 外）的，儿化时丢掉韵尾，主要元音卷舌。如：

ai → ar 牌儿　　　uai → uar 一块儿

ei → er 一辈儿　　　uei → uer 墨水儿

an → ar 脸蛋儿　　　ian → iar 心眼儿

uan → uar 拐弯儿　　　üan → üar 小院儿

en → er 书本儿　　　uen → uer 打盹儿

（3）基本韵母是 i、ü 的，加 er；基本韵母是 in、ün 的，儿化时丢掉韵尾 n，再加上 er。如：

i → ier 小鸡儿　　　ü → üer 金鱼儿

in → ier 干劲儿　　　ün → üer 小裙儿

（4）基本韵母是 –i［ʅ］和 –i［ʮ］的，儿化时，韵母变作 er。如：

–i［ʅ］→ er 肉丝儿

–i［ʮ］→ er 事儿

（5）基本韵母韵尾是 ng 的，儿化时丢掉韵尾，主要元音鼻化，同时加卷舌动作。如：

ang → ãr 茶缸儿　　　iang → iãr 瓜秧儿　　　uang → uãr 蛋黄儿

eng → ẽr 板凳儿　　　ong → õr 小虫儿　　　ueng → uẽr 小瓮儿

ing → iẽr 电影儿　　　iong → iõr 小熊儿

晋方言区多数方言点有儿化现象，以山西晋方言为例，主要集中在中部的平遥、和顺、孝义、太谷，东南部的长治、襄垣、晋城，西部的临县、离石，北部的平鲁、山阴、怀仁、天镇、忻州、大同、原平等地。从儿化韵的数量来看，山西晋方言自南向北，儿化韵数目逐渐减少。儿化对所附音节的影响与儿化韵数量成反比，儿化韵多，说明儿化对所附音节的影响不大，如平遥方言有 35 个基本韵母，儿化韵有 31 个，韵母不变，直接加卷舌动作的儿化韵有 21 个，其余变化也不大；反之，儿化韵越少，则儿化对所附音节的主要元音影响越大，如天镇共有 36 个基本韵母，只有 4 个儿化韵，儿化不仅将所有的韵尾丢掉，而且儿化韵的韵腹在音值上趋于一致，根据开、齐、合、撮的不同，一律读为 [ar、iar、uar、yar]。这些方言点的人在学习普通话的儿化韵时不仅要辨音，还要辨字，要严格对照普通话儿化的语音特点，找出与自己方言中儿化韵的差异，勤于练习，读准儿化韵。

晋方言区还有一部分地区无儿化，有自成音节的儿尾。这些儿尾的具体音值有的是卷舌音，如太原、太谷、寿阳；有的是平舌音，如文水、平遥、清徐；有的是自成音节的辅音，如武乡。这些方言点的人学习普通话的儿化韵时一定要注意对照练习，纠正发音。

（三）轻声

普通话的四个声调在词或句子中失去原有调值读成一个轻而短的调子，这就是轻声。轻声是一种特殊的音变现象，有时具有区别意义的作用。

1.普通话轻声的读音

轻声虽然轻而短，但在不同的语音环境中其音高也有差别，这取决于它前一音节的调值。一般来说，上声后的轻声音高最高，达到半高调 4 度；阴平、阳平后的轻声音高偏低；去声后的轻声音高最低。用五度标调符号表示，大致情况如下：

阴平 + 轻声 → 2（半低）　　跟头　竿子　乡下　亲的

阳平 + 轻声 → 3（中调）　　馒头　孩子　爬下　咸的

上声 + 轻声 → 4（半高）　　码头　起子　底下　远的

去声 + 轻声 → 1（低调）　　后头　柱子　落下　近的

普通话的轻声除了声调读得较轻较短之外，有时还会影响声母和韵母。常见的有：

（1）使声母发生变化

使不送气的塞音（b、d、g）和清塞擦音（z、zh、j）浊音化，如"结巴"的"巴"、"疙瘩"的"瘩"、"资格"的"格"、"祖宗"的"宗"、"慎重"的"重"、"讲究"的"究"等字的声母都发生浊化。

（2）使韵母发生变化

一是主要元音央化，如"回来"的"来"、"棉花"的"花"、"西瓜"的"瓜"、"出去"的"去"、"听见"的"见"、"蚊子"的"子"等字的韵母都向央元音［ə］靠拢，且读音不清晰。

二是韵母脱落，如豆腐、包袱、心思、数目、凑合等。

2.普通话的轻声词

在普通话中，有的轻声词有一定的规律，有的则没有规律。有规律的轻声词主要有以下十一类。

（1）结构助词"的、地、得"读轻声。如"我的本子、认真地书写、高兴得笑了"。

（2）比况助词"似的""一样"，这两个词的两个音节在语流中都读轻声。如"像地毯似的、像蝴蝶一样"。

（3）动态助词"着、了、过、来着"读轻声。如"正写着作业呢、去了吧、她来过、他倒是说来着"。

（4）语气词读轻声。常用的有：

表示陈述语气的"的、了、吧、呢"等，如"她终归是要走的""我已经吃过饭了""他正等着你呢"。

表示疑问语气的"吗（么）、吧、呢、啊"等，如"你吃过苹果吗？""你今天要上街吧？"。

表示祈使语气的"吧、呢、了、啊、呀、哇、哪"等，如"你倒是走呀""你快过来啊"。

表示感叹语气的"啊、呀、哇、哪"等，如"真不容易哪！""多漂亮哇！"。

（5）叠音的普通名词和亲属称谓词，后一个音节读轻声。常用的有"猩猩、饽饽、爷爷、奶奶、姥姥、爸爸、妈妈、公公、婆婆、伯伯、姑姑、叔叔、舅舅、哥哥、姐姐、弟弟、妹妹"等。

（6）几个常用的意义较虚的词缀读轻声。常见的有"们、子（桌子）、头（木头）"等，如"你们、椅子、木头"。

（7）趋向动词若接在其他动词的后面，一般都读轻声。常用的有"来、去、上、下、上来、上去、下来、下去、进来、进去、出来、出去、过来、过去、回来、回去、起来"等，如"传来了读书声""跑出来一个小伙子"。双音节的趋向动词如果单独用，即把"上、下、进、出、回、过、起"作为主要动词，则后一音节读轻声。

（8）方位词，如"上、下、里、边、面"等，一般读轻声，如"墙上、屋里、门后头、墙前边儿、里面"。

（9）"一、不"夹在重叠的动词或形容词中间时，一般读轻声，如"练一练、走一走、去不去、短不短、大不大"。

（10）单音节动词的重叠形式，后一个音节一般读轻声，如"听听、摇摇、走走、看看、算算"。

（11）口语色彩强的四音节词，特别是第二个音节是嵌进去的无意义音节，第二个音节读轻声，如"花里胡哨、流里流气、傻不叽叽"。

由于大部分轻声词是没有规律的，所以轻声词是学习普通话的难点，一定要重视。

3.普通话中轻声的作用

轻声具有区别词义和区别词性的作用，因此有必要学好轻声，正确使用轻声词。

区别词义："老子"如果后一音节不读轻声，是道家创始人的名字；后一音节读轻声，则是指"父亲"，也可用于自称，有自大之意，都是名词。

区别词性："打手"后一音节不读轻声，是"击打手部"的意思，是动词；后一音节读轻声，则是指"以打架为职业的人"，是名词。

4.晋方言中的轻声

在晋方言区各地区中，轻声的分布并不平衡，影响音节轻化程度的条件也多种多样，有的方言点基本没有轻声，有的方言点只在叠字组中有轻声，有的方言点轻声多为语法性轻声，有的方言点则是词汇性轻声和语法性轻声并存。与普通话轻声相比，晋方言区内部各方言点的轻声有同有异。

（1）晋方言轻声与普通话轻声相似的特点

从音高上看，普通话中的轻声音节失去了原有的调型和调值，通常是在词语或句子中，后音节受到前一个音节的影响，变成不固定的特有的调值形式。与普通话中轻声音节大都处在非首字的规律相同，在晋方言中，轻声调值受制于前字的现象也十分普遍。在山西东南部地区，轻声音节一律失去原调，后字轻声调值受前字声调的影响较大，前字为重读音节对后字的影响尤其明显。如洪洞方言"嘱咐"一词，前字调尾较高，轻声音高较低，形成音高衰减。此外，洪洞方言的轻声在非动宾结构两字组词语中较为常见，轻声音节调值用数字0表示，如［22+0］牢固、形状，［33+0］补充、粉条，［42+0］货车、布匹，［44+0］步伐、队伍。

普通话中的结构助词、无实义词缀经常会读为轻声。晋方言中的结构助词"的"和后缀"子"等也常读为轻声，如霍州方言［212+0］疯子、他的，［35+0］房子、红的，［33+0］领子、我的，［55+0］裤子、笑的，［53+0］肚子、住的。

从音长上看，音长较短是普通话轻声音节的主要特点之一。轻声音节音长通常比正常重读音节短促，其长度同前音节长度之间没有始终一致的比例。轻声音节的音长缩短现象在晋方言中也普遍存在。晋方言区大部分方言点轻声音节的音长相比非轻声时的音长均有缩短，山西东南部方言轻声多变为无调型的轻短促调，山西中部地区如文水、祁县等地的轻声短促感更强烈。

（2）晋方言轻声与普通话轻声相异的特点

晋方言中的轻声和普通话中的轻声都符合轻声音节的一般规律，但晋方言轻声也有不同于普通话轻声的特点，主要表现在以下四个方面：

第一，语音表现形式更为丰富。普通话轻声只有"轻且短"一种语音表现形式，一般记为［0］。晋方言轻声音节的语音表现形式比普通话丰富，如从调型上看，山西万荣方言中有调型的轻声和无调型的轻声并存，且音色变化不明显；在受普通话影响较大的大同和人流较大的太原，轻声则表现为无调型，且音色变化在听感上十分明显。从调值上看，虽然绝大部分晋方言轻声音节失去原调，但调值类型总体比普通话更为丰富，如晋方言有些非叠字两字组中后字读轻声，一般记为［0］，但是有些方言点轻声有明确的调值，如大同县方言部分非叠字两字组中后字读轻声，实际调值为［31］；山西东南部的晋城及泽州方言中，阳平和入声后面的轻声音节调值为［2］，阴平、上声和去声后面的轻声音节调值则记为［3］或［2］。

第二，音高表现形式不同。有的学者将普通话轻声音节的音高模式分为两个等级，大致采用五度制中的中平调和中降调表示。晋方言中的轻声音节在受前字调和本字调影响的基础上，具有不同的轻化程度。如山西中北部的偏关、左权、天镇等方言点普遍存在前字为去声，后字为轻声时的轻化程度较高，音高变化明显的现象，如方言中的"弟兄"，前字为去声，"兄"字读轻声，轻声音值为［2］，与前字为阴平、阳平等声调后的轻声音高持平。这一点与"普通话中轻声音节在去声后的轻声音高最低"有所不同。

第三，轻声分布的规律不同。晋方言的轻声分布规律与普通话不同，且各地区的情况差异较大，总结规律的角度也各异。有的方言点可以根据词汇化、语法化和句法化来划分轻声字及其背后的音高变化规律。如山西中部的太原、太谷、榆次等地多语法化轻声字，轻化程度较高，读音更为短促，如"谷子、杯子、日子"中的后缀"子"读轻声，调值为［2］。山西北部的大同等地语法化和词汇化轻声字并存，词汇化轻声字多出现在常见的高频口语词中，如［423+2］云彩、［24+2］后生、［31+2］牲口；语法性轻声字，如［31+2ʔ］包子、［423+2ʔ］红的等，在促化字或入声本调的影响下，后字轻声音值、轻化程度和读音听感不同于词汇化轻声字。有的方言点轻声广泛存在于非叠字和叠字词组中，如晋城话中的［35+3］东西、［35+2］黄瓜、［35+2］尝尝、［53+2］舅舅，武乡、陵川等方言点也有这种现象。但也有的方言点轻声只存在或绝大部分存在于叠字词组中，如屯留方言中的［33+0］哥哥、［43+0］姐姐、［53+0］泡泡。

第四，轻声声调受轻声来源的影响。普通话中已没有入声，而晋方言区绝大部分方言点至今仍保留入声，当舒声字读轻声时，往往有读为促声的倾向，这种现象被称为"舒声促化"。如大同方言中的部分舒声字在轻声的作用下，变得短促且轻，听感上与方言中已有的入声一致。

（四）晋方言中的子变韵

普通话中"词根语素＋子"构成后附式子尾词。为了表达的需要，子尾词中的后缀"子"大多读为轻声。有的汉语方言中也有子尾词，但却是通过韵母的变化来实现的，这种变化叫作"子变韵"或"Z变韵"。子变韵多在山西南部和河南北部集中分布，在河北、山东等部分官话地区也有一定分布。

晋方言中的子变韵主要分布在上党片的晋城（包括泽州）、阳城、陵川、高平，大包片的阳泉、平定、昔阳、和顺、阳高，五台片的原平等点。其形式主要可分为三种。

1. 主要元音变为长元音，如和顺方言中的子变韵（表2-2）：

表2-2　和顺方言中主要元音变为长元音的子变韵

普通话	普通话子尾词	和顺方言	和顺方言子变韵
梯 tī	梯子 tīzi	梯［tʰi⁴²］	梯子［tʰiː⁴²］
车 chē	车子 chēzi	车［tʂʰɤ⁴²］	车子［tʂʰɤː⁴²］
铺 pù	铺子 pùzi	铺［pʰu²⁴］	铺子［pʰuː²⁴］
尺 chǐ	尺子 chǐzi	尺［tʂʰɻ̩⁵³］	尺子［tʂʰɻ̩ː⁵³］

2. 主要元音变为长元音，声调发生变调，如垣曲方言中的子变韵（表2-3）：

表 2-3　垣曲方言中主要元音变为长元音、
声调变调的子变韵

普通话	普通话子尾词	垣曲方言	垣曲方言子变韵
磨 mò	磨子 mòzi	磨［mɤ⁵³］	磨子［mɤː³⁵］
钳 qián	钳子 qiánzi	钳［tɕʰiæ²²］	钳子［tɕʰiæ̃⁵³］
绳 shéng	绳子 shéngzi	绳［ʂəŋ²²］	绳子［ʂəŋː³⁵］
狮 shī	狮子 shīzi	狮［sʅ²²］	狮子［sʅː³⁵］

3. 主要元音变韵、长元音化、声调变调相结合，如阳城、闻喜方言中的子变韵（表 2-4、表 2-5）：

表 2-4　阳城方言中主要元音变韵、长元音化、
声调变调相结合的子变韵

普通话	普通话子尾词	阳城方言	阳城方言子变韵
房 fáng	房子 fángzi	房［fɑ̃ŋ¹³］	房子［fɐːŋ¹³］
茄 qié	茄子 qiézi	茄［cʰiɛ²²⁴］	茄子［cʰiɔ²⁴］
缎 duàn	缎子 duànzi	缎［tuɛ⁵¹］	缎子［tiɔ⁵³］
裙 qún	裙子 qúnzi	裙［cʰyɔ̃ĩ²²⁴］	裙子［cʰyːŋ²⁴］
袜 wà	袜子 wàzi	袜［vʌʔ²²］	袜子［vɔː²²］

表 2-5　闻喜方言中主要元音变韵、长元音化、
声调变调相结合的子变韵

普通话	普通话子尾词	闻喜方言	闻喜方言子变韵
包 bāo	包子 bāozi	包［pɑo⁵³］	包子［pɑoː³³］
鼻 bí	鼻子 bízi	鼻［pʰi¹³］	鼻子［pʰiː⁵³］
锥 zhuī	锥子 zhuīzi	锥［pfʰu⁵³］	锥子［pfʰuː³³］
绸 chóu	绸子 chóuzi	绸［tsʰɤu¹³］	绸子［tsʰɤuː⁵³］

（五）如何辨识入声字

今普通话中已无入声，古入声字派入阴平、阳平、上声和去声中。晋方言至今仍有入声，古入声字今还读入声，大多带有喉塞音韵尾［?］。如何分辨古入声，并将入声与普通话四声对应起来，是晋方言区的人学好普通话的重要内容。分辨古入声主要有两种方式。

1. 通过《方言调查字表》记忆入声字

《方言调查字表》是由中国社会科学院语言研究所编纂的一部方言语音调查工具书，该书按照《切韵》《广韵》等系列韵书来排列字的顺序，其中收录了经常用到的入声字。下面以该书"咸开一"韵为例说明入声韵的情况。

表 2-6 《方言调查字表》"咸开一"韵示例

	咸开一：覃合			
	平	上	去	入
	覃	感	勘	合
帮				
滂				
並				
明				
端	耽			答搭
透	贪		*探试探，侦探	踏撂撂本
定	潭谭			沓一沓纸
泥（娘）	南男			纳
来		潕潕柿子，潕菜		拉
精	簪			
清	参	惨		

	咸开一：覃合			
从	蚕			杂
心				
邪				
知				
彻				
澄				
照庄				
穿初				
床崇				
审生				
照章				
穿昌				
床船				
审书				
禅				
日				
见		感		合十合一升 蛤蛤蜊鸽鸽子
溪	堪龛	坎［砍］	勘勘误，勘探	
群				
疑				
晓				喝喝酒
匣	含函	撼	憾	合盒烟盒
影	庵	揞手覆，揞住	暗	
喻云				
喻以				

　　表中最右侧一列就是该韵所辖入声字，表头中的"入"指的是声调。"答搭踏撘沓纳拉杂合蛤鸽喝盒"就是入声字。

　　通过《方言调查字表》来记入声字，不但可以知道哪些是入声字，而且可以明确这些字的音韵地位，由一个字的读音可以类推和它同韵同等的字的读音。记住这些字的音韵地位将为今后学习和研究汉语音韵学、汉语方言学打下重要的基础。

　　2. 通过形声字的声旁类推入声字

　　形声是汉字的一种造字方式。形声字由"形旁 + 声旁"构成，形旁是表示意义的意符，声旁是表示声音类别的声符。形声是最能产的造字形式。声符相同的一组形声字，它们的读音大多相同或相近，如一个字的声符是古入声字，那么具有相同声符的形声字也很可能是入声字。当然，也有部分字特殊，其声符不是入声字，但是具有该声符的形声字却是入声字。下文参考胡安顺（2002）《音韵学通论》中"入声字谐音表"内容，对其中的常用汉字进行了整理，以帮助大家记忆入声字。横线左侧为声符字，这些字有些是入声字，有些不是，横线右侧为具有相同声符的入声字。

業——仆（僕）扑（撲）朴（樸）璞　　乞——迄讫圪疙屹纥

害——辖割豁瞎　　　　　　　　　　合——鸽蛤给盒洽恰拾

曷（hé）——褐蝎揭葛渴竭喝歇　　夹——颊铗荚郏浃侠狭峡笑

夬（guài）——块决缺　　　　　　吉——洁秸颉结桔诘壹黠

歇——蝎　　　　　　　　　　　　甲——押钾闸鸭匣

絜（jié）——洁（潔）　　　　　　医（qiè）——悭箧

契——锲喫　　　　　　　　　　　鬲（gé）——隔膈翮

谷——欲浴俗　　　　　　　　　　客——喀额

各——阁格胳客貉烙洛络酪骆　　　荅（dá）——褡塔

角——桷斛

欨（jué）——厥阙

厥——撅蹶

彴（yuè）——钺越

骨——滑猾

活——阔

谷——郤郗绤

却——脚

及——笈极急汲岌吸

月——刖钥

列——裂冽烈

咢（è）——愕鄂萼鳄

朔——塑愬

殳（shū）——没殁

盍（hé）——阖溘磕

杳——踏潲

竹——竺笃

豖（chù）——啄琢涿

建（jié）——捷睫婕踕

薛——孽蘖

徹——撤辙澈

术——秫术述怵

聂——蹑摄慑

八——扒叭穴

白——帛舶泊伯迫柏拍怕珀
　　帕碧

末——秣抹沫袜眛

蔑——篾懱

毕——筚跸

辟——壁僻癖擗擘霹劈

畐（fú）——福副辐匐幅蝠逼

勿——物忽笏

足——促捉浞

脊——瘠踖

则——贼侧测

桼（qī）——漆膝

耴（qì）——楫缉葺辑揖

妾——接霎

责——箦帻债积（积）

商——摘镝滴

息——熄媳

习（xí）——褶熠摺

昔——腊惜借鹊猎错厝

耤（jí）——籍藉

勺——的灼酌约杓芍

出——屈茁拙

屈——窟掘

臿（chā）——插歃

枼（yè）——葉喋谍蝶

叔——菽督寂淑

石——硕拓碟斫跖祏

屋——握渥喔

聿（yù）——笔（筆）律

乙——厄札扎

失——迭跌秩轶佚

圛（yì）——轺

易——蜴场（場）剔惕踢锡赐

亦——奕迹迹

狄——荻逖

弋——忒必式

式——拭轼

宓（mì）——密蜜

血——洫恤

或——惑国（國）域或

国——蝈帼

鹿——漉辘麓

录——禄绿碌剥

坴（lù）——陆（陸）睦

栗——慄溧溧

剌——辣瘌

力——仂勒肋

立——粒笠拉泣翊翌

辱——蓐褥缛耨

弱——溺搦

| 第三章 |

晋方言与普通话的词汇差异

　　方言本身是有其特殊规律的，在晋方言中，存在着一定数量的独特词语，这些词语和普通话有着明显的差别。学说普通话，如果不把这类方言色彩浓重的词语换成相应的普通话词语，就会使人听不明白，影响正常交际。因此我们需要了解晋方言有哪几类独特词语，晋方言与普通话在词汇上有哪些差别，也就是说要了解哪些地方特别需要我们下功夫，这样学起来才有针对性，才能收到事半功倍的效果。

一、晋方言的分音词和合音词

（一）分音词

　　什么是分音词呢？举例来说，普通话中的单音节词"拨"在太原话中会被说成双音节的"卜拉"，普通话中的单音节词"棒"在太原话中被说成双音节的"卜浪"，"卜拉"和"卜浪"就是分音词。分音词的名称即暗示这类词是由对应的单音节词分音构成的。从意义上看，分音词绝大多数都是指称具体事物、动作、状态的，具有强烈的口语色彩。

晋方言区从南到北、从东到西普遍存在这种分音词。仍以太原话为例，还有以下一些常见的分音词（由于无书面形式，所以列举这类词时采用同音字表示）。

卜烂—拌	卜来—摆	卜楞—蹦
卜捞—刨	扑棱—蓬	扑篮—盘
突栾—团	特罗—拖	特拉—牵
圪料—翘	圪老—搅	圪榄—杆
骨罗—裹	骨拢—滚	骨噜—咕
黑浪—巷	黑拉—罅	的料—吊
忽拉—划	忽阑—环	忽噜—糊

尽管各地分音词在语音上略有差异，但在语义上却有极强的一致性，而且同一方言点的若干个分音词，还可以根据语义上的联系分为几个群，一个群内的各个词之间语音上都比较接近。例如：

"卜拉"群　这一群内成员均为动词，都有"来回、反复运动"的语义特征。如"卜烂"是"拌"的分音词，义为用筷子或棍子来回搅拌；"卜来"是"摆"的分音词，义为物体像钟摆一样来回摆动；"卜楞"是"蹦"的分音词，义为有生命的物体不停地上下活动。

"的离"群　这一群内成员均为动词，都有"悬空、下垂"的语义特征。如"的离"是"提"的分音词，"的料"是"吊"的分音词。

"黑拉"群　这一群内成员均为名词，都有"空隙"的语义特征。如"黑拉"是"罅"的分音词，义为缝隙；"黑浪"是"巷"的分音词，所指相当于普通话中的"胡同"。

"圪料"群　这一群内成员多为形容词，都有"歪、不平"的语义特征。如"圪料"是"翘"的分音词，义为不平整；"圪溜"是"佝"

的分音词，义为不直。

（二）合音词

什么是合音词呢？合音词是把双音节词合成一个音节来说，如太原话把"兀块（那个）"说成"外"，平遥话把"这块（这个）"说成"崴"，长治话把"那样"说成"酿"。（"外""崴""酿"等字仅用来说明合音词的读音，因为合音词是合两个字音成词，往往无合适的字可写，只能选同音字表示。）合音词在晋方言区各方言点数量不多，但口语性强，使用频率很高。

合音词的构造也是有规律可循的，一般情况下，如果本词（即双音节词）的前后两个音节声韵分别为 C_1V_1 和 C_2V_2，那么合音词的声韵就是 C_1V_2，声调一般与前字相同。

在晋方言中，双音节的人称代词、指示代词、疑问代词、数量词均易形成合音词，如阳曲、忻州、武乡、沁县等地表示第三人称的"人家他、他们"读成近似 ra 的音节，平遥话中的"谁家谁"读成类似"刷"的音节，忻州、原平、定襄、五台话中的"怎样"读成类似"抓"的音节，原平话中的"一个"读成类似"央"的音节。

此外，晋方言中带"家"的地名，"家"与其前后的音节易形成合音形式，如"王家庄"在平遥话中说得像"洼庄"，"翟家庄"在忻州话中说得像"杂庄"（与前一例同为前两字合音），"庞家窑"在大同话中说得像"庞交"（后两字合音），等等。

分音与合音是造成方言语音变异的重要原因。了解分音词、合音词形成的规律，能增强我们对相关词汇的认识，进而指导我们说好普通话。

二、晋方言的逆序词和禁忌词

（一）逆序词

什么是逆序词呢？所谓逆序词，就是构词语素与普通话相同，而语素排列顺序与普通话相反的词。晋方言中有大量逆序词，以山西中部、北部为盛，例如：

晋方言	普通话
菜蔬（忻州、原平、五台、定襄）	蔬菜
弟兄总称（忻州、原平、五台、定襄）	兄弟
发散（忻州、原平、五台）	散发
和搅（榆次、太原、阳曲、忻州、原平、五台）	搅和
惑疑（忻州、原平、五台）	疑惑
拌搅（太原、忻州、原平、五台）	搅拌
慢怠（忻州、原平、五台、定襄）	怠慢
沫唾（忻州、原平、五台、定襄）	唾沫
嚏喷（大同、太原、忻州、原平）	喷嚏
天每（大同、应县、忻州、原平）	每天
头前（太原、忻州、原平、五台）	前头
问讯（忻州、原平、五台、定襄）	讯问
心多（忻州、原平、五台）	多心
扎挣（忻州、原平）	挣扎
直正（宁武、神池、忻州）	正直
嘴多（忻州、原平、定襄）	多嘴
拔选（忻州）	选拔
才刚（太原）	刚才

头枕（长治）   枕头

朋亲（忻州）   亲朋

从语法功能及语义上考察，这些词同普通话对应的词无明显差异，不过，这种情况不能无限类推。晋方言中亦有少数逆序词与普通话对应的词在语义上有所不同。例如：

晋方言	普通话
硬强老年人身体硬朗（忻州、原平）	强硬强有力的；倔强的；不作任何让步的
欢喜高兴（忻州、原平）	喜欢对人或事物有好感或感兴趣，也有愉快、高兴、开心的意思
异奇对……感到惊异（忻州、原平、五台）	奇异特别的，突出的，新鲜的，奇特，很新奇
摸揣用手抚摸（太原、忻州、原平）	揣摸估摸、猜测
涮洗洗，仅用于物（太原）	洗涮洗，可用于物或人
兄弟弟弟（忻州、原平、和顺、太谷、长治、中阳、山阴）	弟兄哥哥、弟弟的总称
路道路，路数、方法（忻州、原平）	道路路
音声口气，只能用于人（忻州、原平、五台）	声音泛指一切声音，可用于物或人

（二）禁忌词

禁忌词就是为了避讳而不能说的词。晋方言中有一系列禁忌词，主要涉及性、疾病、死亡、丧葬等方面。指称、说明禁忌词涉及的内容时，一般采用替代词语。例如：

生病

难过（忻州、五台、临县）   难活（太原、原平、怀仁、大同、文水）

歪嘞（长治、晋城、长子）   不快当（陵川）

不待动（和顺）　　　　　　不爱瘾（中阳）

看病

请大夫（大同）　　　　　　请先生（长治、文水、平遥）

死了

用于老年人的有：

老了（太原、忻州、和顺）　老客了（太原、榆次）

老下了（介休、孝义、临县）老奄了（大同）

恭喜了（晋城）

用于中年人的有：

走咧（中阳）　　　　　　　失迹哩（临县）

用于儿童的有：

丢了（和顺、平遥）

棺材

寿器（原平）　　　　　　　板（长治）

材（介休、孝义、平遥）

出殡

发引（大同、怀仁）　　　　发落（太原）

安排（介休）

小产

跌了（文水、介休、大同）　小丢了（忻州、宁武）

月经

身上的（平遥）　　　　　　来身上（长治、长子）

自杀

寻无常（长子）　　　　　　寻短见（忻州、原平）

有时，为了避讳也可以改变一个字的常规读音，如"入"在晋方言中是一个"性"字眼儿，其禁忌音读如"日"（如"狗日的"，其中的"日"其实为"入"），与其在"入口"一词中的读音截然不同。在晋方言区多数方言点中，普遍存在以"日"作词头的动词和形容词，表示不受欢迎的动作行为或性质状态，如原平话：

日哄：哄骗　　　　日嘬：随意骂人　　　　日鬼：背后做小动作

日脏：脏乱　　　　日怪：怪异，荒诞　　　　日能：有小聪明

三、晋方言的古语词和四字格

（一）古语词

这里的古语词指的是普通话和北方地区不大通行的词。晋方言中保留着许多古语词，特别是属于近代汉语的一些词语，认识这些古语词，掌握其在普通话中的对应说法，有助于我们更好地学习普通话。下面介绍几个晋方言中常见的古语词。

愊（晋方言区各地）

意思是因吃得太多而肚胀。汉·扬雄《方言》卷六："愊，满也……腹满曰愊"。

覤（晋西北神池、宁武、保德，陕北、内蒙古自治区的晋方言点）

意思是看望，读音近"出"，如覤亲亲看望亲戚。《广韵》御韵七虑切："覤，伺视也。"

担杖（文水、宁武、保德）

意思是扁担（指担货物的工具）或担子（指整个担子，包括货物）。《醒世姻缘传》五四回："四十文钱买了副铁勾担杖。"《清平山堂话本·杨温拦路虎传》："收拾担杖，安排路费，摆布那暖轿马匹，即时出京东门。"

弥（晋方言区各地）

意思是将两部分物体接缝儿缝起来或粘起来，使之增长。汉·扬

雄《方言》卷十三："弥，缝也。"

历头（长治）

意思是历书。宋·朱敦儒《鹧鸪天》词："检尽历头冬又残，爱他风雪忍他寒。"

年时（晋方言区各地）/**年时个**（大同）

意思是去年。清·孔尚任《桃花扇·拜坛》："年时此日，问苍天，遭的什么花甲。"

荼（晋方言区各地）

意思是反应迟钝、痴呆。《广韵》薛韵如列切："疲役貌。"

头口（文水）

意思是牲畜、牲口。《元典章·刑例·偷头口》："凡达达，汉儿人偷头口一个陪九个。"

夜来（晋方言区各地）

意思是昨天。宋·贺铸《浣溪沙》词："笑拈粉香归洞户，更垂帘幕护窗纱，东风寒似夜来些。"

以上古语词在晋方言中仍然能作词用。此外，晋方言中还有一些古语词是用作构词语素的，即需要与别的语素组合才能构成词，如山西中部、北部等地及陕北、内蒙古自治区的晋方言称"屁股"为"豚子"（或写作"屡子"），其中的"豚"《广韵》释为"尾下窍也"。再如，晋西北方言称种公羊为"圪羝"，其中的"羝"《说文·羊部》释为"牡羊也"。

（二）四字格

四字格即由四个语素或音节构成的词语。与普通话中丰富的四字格成语相比，晋方言中的四字格不仅数量更多、使用频率更高，而且口语化色彩极强。四字格绝大多数是用来描述人物形象、表情、性格、态度、精神等方面特征的，也有一部分用来描述自然环境特征。语义上，四字格有突出的描述性特征，褒贬色彩浓烈，表现力极强。四字格之间往往形成近义语义链条，因此表情达意十分细腻。下面我们先以最典型的"A 眉 B 眼"式为例，来了解一下晋方言四字格的特点。

普通话中以"眉眼"为基础构成的四字格成语，多为"眉 A 眼 B"型，如"眉开眼笑""眉来眼去"等，也有少数"A 眉 B 眼"型，如"贼眉鼠眼"。晋方言区诸方言点中用"眉"和"眼"构成的四字格主要为"A 眉 B 眼"型，且数量特别多，主要用来形容人的容貌，褒义的如"光眉俊眼"形容青年人面目清秀俊朗，"周眉正眼"形容人五官端正，"浓眉大眼"形容人长相粗犷大方；贬义的如"粗眉糙眼"泛指容貌丑陋，"胖眉肿眼"形容人面部臃肿，"欧眉洼眼"形容人眼窝深陷，面部不舒展。"A 眉 B 眼"还可以形容人的表情，如"喜眉笑眼"形容人心情愉快的样子，"丢眉扯眼"形容人做鬼脸的样子，"立眉霸眼"形容人发怒的样子，"鬼眉溜眼"形容人不规矩的样子。从数量上比较，贬义的"A 眉 B 眼"型四字格似乎更突出。毫不夸张地说，晋方言中"A 眉 B 眼"型四字格形成了一个网状的语义链条，丰富的近义表达给语言运用提供了充分的选择余地。

晋方言四字格在构成形式上也很有特点，可以分为以下几种类型。

1. 复合式

复合式是晋方言四字格最重要的构成形式，根据其内部结构关系，可具体分为以下几种类型。

（1）并列式

其一，二二音步型。这类词语在朗读时呈二二音步，如：

少皮没脸：指人脸皮厚，不要脸。例：那些家那个人少皮没脸的，

甚事也做出来哩！（太原）

拐七趔八：走路不方便，一摇一晃的样子。例：自从出了车祸，他就拐七趔八的成了个这啦。（榆次）

泪眼擦哭：形容眼睛断断续续地流泪。例：你这泪眼擦哭的，谁欺负你来来？（忻州）

泼皮缭烂：指小孩性格顽皮、调皮。例：十五六的娃娃们泼皮缭烂的，正是不听话的时候。（宁武）

红起黑到：不安静，吵闹得厉害。例：夜里昨天来了几个朋友，红起黑到的折腾了一黑夜晚上。（宁武）

省言免气：少说话就会免去不必要的麻烦。例：你身在外地，还是省言免气些好。（神池）

一撞两砍：指横冲直撞，可引申为说话很直，态度生硬。例：这一撞两砍的谁惹下你了？（宁武）

四平八稳：平稳、稳定，有时含有讥讽、责备的意味。例：看恁你四平八稳的，也不看大家都忙成甚啦？（太原）

三把两下：指做事干脆利落。例：这些营生你不用愁，我三把两下就替你做完咧。（原平）

三黄两里：指为人不坦诚，有时也指度量小。例：她那人三黄两里的，你可不敢和她太以心交心！（宁武）

小眉碎眼：指人的眼睛和眉毛都很小，借以形容人容貌不大气。例：那人长得小眉碎眼的，可丑哩。（定襄）

痴眉踏眼：形容言行没有礼貌，惹人讨厌。例：那人痴眉踏眼的，真个不顺眼哩！（宁武）

红眉扯眼：形容人恼怒的样子。例：你这红眉扯眼的，和谁吵架来来？（神池）

人眉六眼：形容人五官端正，但品行不好。例：那人看圪去人眉

六眼的，其实可是个灰人坏人哩！（原平）

鬼眉六眼：形容人鬼鬼祟祟，举止不大方。例：你看那人鬼眉六眼的，肯定不是个好人。（忻州）

寡汤淡水：形容饭菜没有味道。例：这顿饭寡汤淡水的，可不咋地哩。（中阳）

其二，四步并列型，即朗读时四个语素顺次一一呈现。如：

三八六九：形容某种行为经常出现，每次相隔的时间很短。例：自从他当上领导，三八六九就开会，可没意思哩！（保德）

吱溜哇啦：形容人说话声音高而不停歇的样子。例：你别吱溜哇啦的，歇一歇听别人怎么说。（平遥）

（2）动宾式

这类结构由动词和宾语两部分组成，动词常用否定形式。如：

不值滥钱：某物没有价值。例：那堆东西不值滥钱的，囫共总共也卖不下几个钱儿。（太原）

不开眉眼：某人看不清利害或看不透时事。例：那是个不开眉眼的人，贿赂上点儿小钱儿就变卦啦。（太原、原平）

不通情理：某人不懂人情世故。例：那个人不通情理，不和咱们一样好说话。（平遥）

不谋正经：不务正业。例：这家人都不谋正经，家产都败光咧。（孝义）

不识火色：形容说话做事不看场合。例：银匠铺儿钢给铁质工具加钢剪子——不识火色。（歇后语，忻州）

背红板凳：指考试得最后一名。例：他小时候是个赖学生，考试老背红板凳。（忻州）

踢断门限：某人出现得过于频繁。例：他一天价来俺家，快踢断门限呀！（忻州）

死把荆州：形容拿住东西舍不得放手。例：死把荆州地，不放下歇歇。（平遥）

（3）偏正式

这类结构一般是前偏后正。如：

二八雾气：形容人带着傻气。例：兀个人二八雾气地，些儿也不精明。（太原）

抿嘴老虎：比喻人话不多，但心中凶狠。例：那人是个抿嘴老虎，不声不响地就能吃了人。（忻州）

精红晌午：烈日当头的中午。例：甭去了，精红晌午地，看中了暑。（大同）

折腰马峰：形容腰细而弯。例：折腰马峰地，看见他走动不得手不舒服。（平遥）

无皮铁脸：指不要脸。例：他又打老婆了，真是无皮铁脸。（和顺）

独槽牛子：比喻不合群、爱逞能的小孩儿。例：这圪截小孩儿养成独槽牛子啦，有个儿孩儿们来也不行。（孝义）

（4）主谓式

这类结构由主语和谓语构成。如：

乱人插手：形容人多手杂，缺乏统一指挥。例：这么大的事筵，乱人插手地，没个好总管不行。（忻州）

寡妇失业：形容寡妇孤苦无依靠。例：照顾好你妈哇，她寡妇失业地一个人。（大同）

云雾扫道：形容不干净。例：玻璃没啦擦干净，云雾扫道地。（平遥）

2. 重叠式

晋方言四字格词语中，重叠式可分为完全重叠和部分重叠。

完全重叠式有三个小类。

名词重叠，如：

时时节节：指逢年过节。例：一遇上个时时节节的，俺舅舅就来俺家来呀。（保德）

动词重叠，如：

嘀嘀咕咕：形容小声说话的样子。例：叫你们看书，你们嘀嘀咕咕的做甚哩！（忻州）

形容词重叠，如：

绵绵善善：形容性格温柔善良的样子。例：那人绵绵善善的，可好说话哩。（太原）

部分重叠式有两个小类。

ABAC式，如：

一时一势：形容时间短。例：咱不图一时一势的个有钱，得看他有没有挣钱的本事才行嘞。（忻州）

走前走后：形容事情发生的时间接近。例：他们俩走前走后的，一时进来的。（原平）

爬高爬低：形容人行动能力强又麻利的样子。例：人家他爬高爬低的，一前晌可忙嘞。（太原）

圪支圪旯：指偏僻或有缝隙的地方。例：刚刚发完山水，院子里圪支圪旯尽是水。（原平）

圪丢圪吧：形容声音多而响亮。例：你听外面圪丢圪吧的，娃娃们早就放开炮咧。（原平）

圪抽圪扯：形容人不情愿做某事的样子。例：看他圪抽圪扯的，是不想做咧。（五台）

AABC式，如：

皮皮圪草：指又脏又碎的细小物件。例：你们不要嗑瓜子了，皮

皮圪草的弄下一地。(宁武)

沫沫圪搅：指形色不美的液体或汤类食物。例：你这拌汤做得沫沫圪搅的，看见不香。(原平)

柴柴溜兮：形容食物纤维较多，口感不佳。例：这些豆角长得太老了，柴柴溜兮不好吃。(原平)

豆豆溜兮：形容圆粒状物品较多的样子。例：揣见你这布袋袋里豆豆溜兮的，都是些甚呀？ (忻州)

3.附加式

附加式又可分为后附式和中嵌式两类。

后附式，即四字格的后两个音节是后缀的形式，常见的后缀如"马爬、打蛋、兀烂、麻也、卜兹"等，这些四字格通常含有贬义。如：

噘气马爬：形容气喘吁吁的样子。例：你倒先走了，受累得我噘气马爬价可断追哩！ (孝义)

可溜马爬：形体不直，歪歪斜斜的样子。例：看你坐在那里，可溜马爬的像个甚！ (原平)

咕噜打蛋：动作快而不稳的样子。例：你慢些儿走哇怕甚哩，咕噜打蛋地跌倒呀。(忻州)

猴猴打蛋：物品形体小而不招人喜欢的样子。例：这些地梨儿，猴猴打蛋地，可不咋样。(宁武)

圪擂兀烂：皱皱巴巴的样子。例：这几个老茄子，圪擂兀烂地，不能吃了。(神木)

翻批麻也：重复无聊的样子。例：你翻批麻也地说了半天，到底是甚意思？ (原平)

酸胖卜兹：味道不正、不新鲜。例：这些菜酸胖卜兹地，是不是放坏咧？ (原平)

中嵌式，即四字格中有音节衬词，有嵌一个音节的，也有嵌两个音节的。如：

胡七麻烦：形容事情杂乱。例：这天天胡七麻烦地，甚也干不成。（太原）

糊里打露：糊里糊涂。例：不用算细账啦，糊里打露地拉倒哇！（原平）

冒里杀砍：形容言语粗鲁。例：这家伙冒里杀砍地，什么话也能说出来。（忻州）

排乎其场：形容有排场、阔气。例：他今天穿了件呢子袄，排乎其场地坐在首席上像个当舅舅的。（忻州）

赖里低活：形容穿戴不整齐。例：看那女子赖里低活地，扣子跌了也不缝。（大同）

正而八经：地地道道。例：那是个正而八经的好人。（大同）

寒里倒磣：形容肮脏。例：寒里倒磣的个块孩儿。（平遥）

汤里圪水：形容汤水多。例：今儿的饭汤里圪水的，我不想吃。（平遥）

寡不烂淡：形容缺少色彩。例：这圪垯布寡不烂淡的，不好看。（忻州）

晋方言中的四字格在普通话中很难找到对应的四字词语，普通话中指称相关现象时需要用字数不等的描摹性词语表达。

四、晋方言与普通话词汇的区别

（一）晋方言与普通话词汇差异分析

晋方言与普通话词汇的差异可以从词形与词义的匹配情况、词义所概括的范围、词义的表达色彩及词的兼类等方面加以说明。

1. 词形与词义匹配情况不同

词义包括词的词汇意义、语法意义和色彩意义。词汇意义（简称词义）是客观事物或现象的共同特征在人脑中的概括反映。晋方言与普通话词汇意义的差别主要体现在以下两个方面：

其一，含义相同，词形不同。这类词也就是平常所说的"同物异名"，如太原、忻州、五台、定襄等多地把"头"叫"的脑、的老"，"额头"叫"奔楼"，"饺子"叫"扁食、角角、角的"；"土豆"一词，太原、榆次、平遥、武乡、沁县、忻州、朔州、大同等地叫"山药"或"山药蛋"，长治叫"地瓜蛋儿"，屯留叫"地豆"，宁武叫"地梨儿"，等等。对同一事物的不同叫法往往反映出各地群众认知客观现象的角度不同，如普通话中的"葵花籽"一词，原平话称之为"麻烦籽儿"，前者是以植物名称命名的，后者则是以其剥食时较麻烦的特点命名的；普通话中的"拉肚子"一词，晋方言区多地说成"跑茅子"，前者以身体部位为视角，后者以相关处所为视角；普通话中的"倒垃圾"一词，在晋方言区某些方言点说成"倒簸箕"，前者以受事为视角，后者以相关工具为视角。这都突出体现了不同的群体给同一事物或现象命名时认知视角的不同。

其二，词形相同，含义不同。这类词也就是平常所说的"同名异指"，如"闲话"在晋方言中多是"家常话"的意思，在普通话中则多指风言风语；"夜明珠"在晋方言区武乡、沁县等地指"萤火虫"，在普通话中专指一种"相传能在黑暗中发光的珍珠"。再如晋西北保德、陕北府谷等地方言中有"齐说、齐坐"的说法，其中"齐"作状语，表示"随意、任意"的意思，普通话中也有"齐唱、齐鸣"的说法，其中状语"齐"是"共同"的意思。晋方言与普通话同名异指的词还有不少，它们在交际中常常会引起误解，需要特别注意。

2. 词义概括的范围不同

在与普通话词语词形相同、词义也基本相同的情况下，晋方言有些词语词义范围比普通话宽，如"吃"在忻州、原平、宁武、武乡、沁县等地既可以与"饭"搭配，也可以与"烟"搭配，说明晋方言中"吃"除了有与普通话的"吃"相同的义项，还有普通话的"吃"所没有的义项，这些义项在普通话中由专门的词语"抽、吸"来承载；"鼻子"在宁武、保德、武乡、沁县、襄垣等地有"鼻子"和"鼻涕"两个义项；"袄"在武乡、沁县等地除表示用棉花做成的衣服外，还指单衣、夹衣、背心等上衣；"书房"在忻州、原平、平顺、武乡、沁县、襄垣等地兼指"学校"和"书房"；"善"在偏关、忻州、原平、定襄等地兼有"软""懦弱"的意思；"养"在偏关、忻州、原平、定襄等地兼有"生"的意思，是普通话"养"的意义的扩大。相比普通话，晋方言中这些词的意义范围均有所扩大。

晋方言中有些词的词义范围比普通话窄，如山西西北部多地"老汉"一词专指"丈夫"，普通话中"老汉"可泛指年老的男子；太谷、长治等地"青菜"一词专指"菠菜"，普通话中"青菜"可泛指绿色蔬菜；山西西北部、中部、东南部多地"受苦人"专指农民，普通话中"受苦人"包括一切穷苦的人。

3. 词义的表达色彩不同

不同地域的人对客观存在的同一事物或现象的认识不同，表达时就会体现出不同的认知态度，使词义增添一些附加色彩。晋西北方言点普遍将普通话中的"太阳"说成"阳婆"，将供奉的各路神仙统称"爷爷"，如长治等地把"雷"叫"雷神爷"，把"闪电"叫"闪电奶奶"，这些富有形象色彩的表达都表现出人们对自然现象的崇拜。再如晋方言区多地把老年人死了说成"老了"或"不在了"，把"煮破了饺子"

说成"挣了"或"笑了",把"狼"叫成"怕怕"或"呜呜",这都体现了一种避讳心理。说普通话时,我们要细细体会要表达的词义是否包含特殊色彩,分辨词汇所属的系统,尽量寻找合适的表达方法。

4.词的兼类情况不同

"山、土、肉、筋"在普通话中一般作名词使用,在晋方言中,除名词用法外,这些词作形容词的用法也很常见,如"山、土"与"时尚、洋气"相对,"肉"表示"胖"(一般用于人),"筋"表示"柔韧性好"。

(二)晋方言与普通话常用词汇对照

晋方言词汇比普通话更为丰富。晋方言内部差异性较大,同一事物在不同方言点的叫法更加多种多样。本书以《汉语方言词汇》(语文出版社,1995年版)、《中国语言资源调查手册·汉语方言》(商务印书馆,2019年版)所收普通话词汇为参考,择取晋方言区43个方言点,包括并州片介休、平遥、祁县、寿阳、太谷、太原小店区(下文简称小店)、文水、孝义8个点,吕梁片方山、交口、柳林、临县、离石、石楼、中阳、蒲县、隰县9个点,上党片长治市城区、平顺、沁水县端氏镇、沁县、沁源、屯留、襄垣、长子、陵川9个点,五台片保德、定襄、繁峙、河曲、岢岚、灵丘、宁武、偏关、神池、五寨、忻州市忻府区(下文简称忻府)、阳曲12个点,大包片大同市新荣区(下文简称新荣)、大同县、怀仁、昔阳、左云5个点,将以上方言点中差异性较强的48个常用词汇进行比较,以帮助普通话学习者认识家乡方言与普通话的差别,更好地掌握普通话词汇。为了全面比较,本书还将山西境内中原官话汾河片洪洞县赵城镇、临汾市尧都区(下文简称尧都)、翼城、侯马、稷山、万荣、新绛、垣曲、临猗、芮城、乡宁 11 个点和冀鲁官话广灵方言一并列出比较（见表 3-1）。

　　表 3-1 每个分表排 3 个词目，每个词目都有编号。各词目同时也是普通话的说法，普通话的读音从略。表格所列内容为各方言点各词目的说法和读音，有的词目有多种说法的，以常用的说法在先，不常用的说法在后，每种说法单列一行，说法较多或释例较复杂时，以脚注形式列在当页表下。读音用国际音标表示，音标右上方数字为声调调值，如有变调的，一律记变调，不记本调，声调为轻声的，一律记为 0，不记轻声实际调值。词汇中的同音替代字用"□+数字"表示，"□+数字"在后文的"用字代码表"中详细加注音释。

表 3-1　晋方言与普通话词汇对照表

	01 太阳 ~下山了	02 月亮 ~出来了	03 冰
介休	日头爷 zʌʔ³təu⁴⁵iɛ⁰ 太阳 tʰai⁴⁵iɛ̃⁰	月明爷 yʌʔ³¹mi⁴⁵iɛ⁰	冻凌 tuŋ¹¹lei⁴⁵
平遥	爷爷 iɛ²²iɛ¹³ 日头爷 zʌʔ⁵²təu¹³iɛ¹³	月明爷 yʌʔ⁵²mi¹³iɛ¹³ 后天爷 xəu²⁴tʰiɛ̃³¹iɛ¹³	冬凌 tuəŋ³¹li¹³
祁县	日头 zəʔ²³tʏu³¹ 太阳 tʰæɛ⁴⁵iɑ̃⁵³	月明 yɑʔ³²mʅ⁵³	冬凌 təm²³l̩³¹
寿阳	阳婆爷 iɒ²²pʰəɯ²²iʏ²² 太阳 tʰai⁴⁵iɒ²²	月明爷 yɛʔ²mʅ⁴⁵iʏ²² 月儿爷 yɛʔ²ɐr⁰iʏ²²	冻凌 tuɔ̃³¹lei²²
太谷	日头 zəʔ³təɯ⁵³ 太阳 tʰai²⁴iɒ³³	月明 yɑʔ³mi⁵³	冬凌 tuɔ̃³³li³³
小店	日头爷 zəʔ¹təu⁵⁵ie¹¹	月明爷 yəʔ¹mi⁵⁵ie¹¹	冰凌 piɔ̃¹¹li¹¹
文水	日头 zəʔ²təu³⁵	月明 yaʔ²mʅ³⁵	冻凌 tuəŋ²²l̩³⁵
孝义	爷爷 iɛ³³iɛ¹¹	月明爷 yəʔ³mi⁴⁵iɛ³³	冬凌 tuɔ̃³³lei⁴⁵⁴
方山	太阳 tʰɛɛ⁵²iɒ⁰	月明 yɛʔ²mi⁴⁴	冻凌 tuɔ̃ŋ²⁴lia⁰
交口	日头 zaʔ⁴tʰou⁴⁴	月明 yeʔ⁴miɛ⁴⁴	冻凌 tuəŋ⁵³liɛ²³
柳林	日头 zəʔ⁴²³tʰə⁴⁴	月明 yɛʔ⁴²³mi⁴⁴	冻凌 tuɔ̃²⁴nia⁴⁴

续表

	01 太阳 ~下山了	02 月亮 ~出来了	03 冰
临县	太阳 $t^hɛe^{52}iɒ^{33}$	月明 $yɐʔ^{31}mi^{33}$	冻凌 $tuə̃^{24}lia^{52}$
离石	太阳 $t^hiε^{53}iɔ^{0}$ 日头儿 $zəʔ^{23}t^hʌur^{53}$	月明 $yeʔ^{23}mŋ^{44}$ 月亮 $yeʔ^{23}liɔ^{53}$	冻凌 $tuən^{24}liɛ^{44}$
石楼	日头 $ʐʌʔ^{4}t^hou^{44}$	月明 $y^{21}miɛ^{13}$	冻凌 $tuən^{21}liɛ^{44}$
中阳	日头 $zəʔ^{312}t^hʌ^{33}$ 日角＝子 $zəʔ^{312}tɕiaʔ^{4}tsəʔ^{0}$	月明 $yeʔ^{312}mi^{33}$	冻凌 $tuə̃^{24}lia^{33}$
蒲县	日头 $z̩^{52}t^hou^{31}$	月明 $yɛʔ^{43}miɛ^{31}$	冰凌 $piŋ^{52}liɛ^{31}$
隰县	日头 $zəʔ^{3}t^hou^{24}$	月明 $yəʔ^{3}miɛ^{24}$	冬凌 $tuən^{53}liɛ^{0}$
长治市城区	老爷儿 $lɑo^{53}iɐr^{54}$ 太阳 $t^hai^{24}iaŋ^{0}$	月亮 $yəʔ^{5}liaŋ^{54}$	冰凌 $piŋ^{31}ləŋ^{54}$
平顺	日头儿 $iə^{22}t^hər^{22}$	月亮 $yʌʔ^{22}liaŋ^{53}$	溜＝溜＝坠＝ $liəu^{213}liəu^{22}tsuei^{53}$
沁水县端氏镇	太阳 $t^hɛe^{53}iaŋ^{0}$	月明 $yaʔ^{22}miŋ^{24}$	冻凌 $toŋ^{21}n̠i^{24}$
沁县	日头爷 $zəʔ^{3}t^həu^{0}iɛ^{33}$ 太阳 $t^hɛe^{55}iɔ^{0}$	月明爷 $yæʔ^{3}miə̃^{0}iə̃^{33}$ 月亮 $yæʔ^{3}liə̃^{53}$	冰凌＝ $piə̃^{24}liə̃^{0}$
沁源	日头 $zəʔ^{31}t^hei^{0}$	月明 $yəʔ^{3}mi^{0}$	冻凌 $tuə̃^{53}li^{33}$
屯留	老爷儿 $lɔo^{43}iɐr^{24}$ 太阳 $t^hɛe^{55}iaŋ^{11}$	月明 $yəʔ^{1}miəŋ^{11}$ 月亮 $yəʔ^{1}liaŋ^{11}$	冰凌 $piəŋ^{31}leiŋ^{44}$ 冰 $piəŋ^{31}$
襄垣	红爷儿 $xuəŋ^{31}iɐr^{0}$ 日头儿爷 $ʐʌʔ^{3}t^hər^{31}ie^{0}$ 太阳 $t^hɛI^{45}iɒ^{31}$	月亮 $yʌʔ^{3}liŋ^{44}$	冰 $piəŋ^{33}$ 冰凌 $piəŋ^{33}liəŋ^{44}$
长子	太阳 $t^heɛ^{44}iaŋ^{312}$	月亮 $yəʔ^{44}liaŋ^{53}$	冰 $piŋ^{312}$
陵川	日头 $i^{24}t^həo^{0}$	月明 $yʌʔ^{23}miŋ^{53}$	冬＝冬＝ $tuŋ^{33}tuŋ^{33}$
保德	阳婆 $iɔ^{44}p^hɤ^{0}$	月亮 $yəʔ^{4}liɔ^{52}$	冰 $piəŋ^{213}$
定襄	阳婆 $iɔ^{11}p^huɔ^{24}$ 太阳 $t^hɛi^{4}iæ^{0}$	月明 $yəʔ^{1}mi^{53}$	冰 $piəŋ^{24}$ 冬拉＝ $tuən^{24}la^{0}$

	01 太阳 ~下山了	02 月亮 ~出来了	03 冰
繁峙	阳婆 iɔ³¹pʰa⁰ 太阳 tʰai²⁴iɔ⁰	月亮 yaʔ¹³liɔ⁰	冰凌 piəŋ⁵³liəŋ⁰ 冰 piəŋ⁵³
河曲	阳婆 iɒ⁴⁴iɒ⁰ 阳婆 iɒ⁴⁴pʰɤ⁴⁴	月儿 yɤ⁵²	冰 piŋ²¹³
岢岚	阳婆 iɔ⁴⁴pʰɤ⁰	月亮 yɛʔ⁴liɒ⁵²	冰 piəŋ¹³
灵丘	阳（婆爷）iɒ²⁴pʰie⁴⁴²	月亮爷 ye³¹liɒ⁵³ie⁰	冻凌 tuŋ⁴⁴²ly⁰
宁武	阳婆 iɒ³³pʰɒ⁰	月亮 yʌʔ⁴liɒ⁵²	冰 piɤu²³
偏关	阳婆 iɒ⁴⁴pʰɤ⁰	月亮 yɛʔ⁴liɒ⁵²	冰 piɤŋ²⁴
神池	阳婆 iɒ³²pʰɔ⁰	月亮 yʌʔ⁴liɒ⁵²	冰 piə̃²⁴
五寨	阳婆 iɒ⁴⁴pʰɤ⁰	月亮 yɛʔ⁴liɒ⁵²	冰 piəɤ̃¹³
忻府	爷爷 iɛ²¹iɛ⁰ 阳婆 iɛ²¹pʰɛ²¹ 太阳 tʰæe⁵³iɑ̃²¹	月明 yʌʔ³²mi²¹ 月爷爷 yʌʔ³²iɛ²¹iɛ⁰	冻凌 tuəŋ³¹³la⁰ 冰 piəŋ³¹³
阳曲	阳婆 iɔ⁴³pʰɤ⁴³ 阳婆爷 iɔ⁴³pʰɤ⁴³iɛ⁰	月明 yɛʔ⁴mi⁴³ 月明爷 yɛʔ⁴mi⁴³iɛ⁰	冰 piə̃³¹²
新荣	太阳 tʰɛe²⁴iɔ³¹¹ 阳婆 iɔ¹²pʰo³¹¹	月亮 yɤ²⁴liɒ⁰	冰凌 piɤ³²liɤ⁰
大同县	日头 ʐʅ²⁴tʰɤu⁵⁵ 日头爷 ʐʅ²⁴tʰɤu⁵⁵iɛ⁰	月亮 yaʔ⁴liɒ²⁴ 月儿爷 yər²⁴iɛ³¹	冰 piəɤ²¹ 冰凌茬 piəɤ²¹liəɤ²¹tsʰa³¹
怀仁	太阳 tʰɛe²⁴iɒ⁰ 日头 ʐʅ²⁴tʰɤu⁰	月亮 yɛ²⁴liɒ⁰	冰 piəŋ⁴²
昔阳	阳婆儿 iɔu³³pʰər³³ 日头爷 ʐʅ¹³tʰəu³³iɛ³³	月儿 zuər¹³	冻凌 tuəŋ⁴²liəŋ³³ 冻凌柱儿 tuəŋ⁴²liəŋ³³tʂur¹³
左云	日头 ʐʅ²⁴tʰəu⁰	月亮 yɛ²⁴liɒ⁰	冰凌 piəɤ³²liəɤ⁰
洪洞县 赵城镇	太阳 tʰai⁵³iɑ̃⁰	月明 yɛ⁴⁴miɛ⁰	冻凌 tuəŋ²¹liɛ⁰
尧都	太阳 tʰai⁴⁴iaŋ⁰	月亮 yɛ²¹liaŋ⁴⁴	冰 piəŋ²¹

	01 太阳～下山了	02 月亮～出来了	03 冰
翼城	日头 zʅ^{44}tʰou^{0}	月明 yɤ^{44}mei^{0}	冰冰 piE^{12}piE^{53} 冰 piŋ^{53}
侯马	日头 ʑiɛ^{53}tʰou^{0}	月明 yɛ^{53}miɛ^{0}	冻凌 tuɐĩ^{44}liɛ^{0}
稷山	日头 zʅ^{53}tʰəu^{0}	月儿爷 yɛ^{53}ər^{0}iɑ^{13}	冻凌 tuə̃^{13}liɛ^{0}
万荣	爷爷 ia^{213}ia^{0}	月牙儿 yɛ^{53}ia:^{213}	冰 piaŋ^{51}
新绛	日头 ʐʅ^{44}tʰəu^{0}	月儿爷 yɛ^{53}ər^{31}iɑ^{0}	冻凌 tuɛ̃^{13}liɛ^{53}
垣曲	日头 ʐʅ^{22}tʰou^{53}	月牙 yɛ^{22}ia^{53}	冻凌 tuəŋ^{31}liɛ^{44}
临猗	日头 ʐʅ^{42}tʰəu^{0} 太阳 tʰai^{44}iaŋ^{0}	月亮 yɛ^{42}liaŋ^{0}	冰 piaŋ^{42} 冰凌 piaŋ^{42}liaŋ^{13}
芮城	日头影儿 ər^{42}təu^{0}n̩iər^{53}	月儿 yər^{42}	冰凌 piəŋ^{42}liəŋ^{0}
乡宁	太阳 tʰai^{22}iaŋ^{0} 日头 ʐʅ^{53}tʰou^{0}	月 yɛ^{53} 月爷 yɛ^{53}ia^{0}	冻凌 tuəŋ^{53}liɛ^{0}
广灵	阳婆爷 iɔ^{31}pʰo^{0}iɤ^{31}	月亮爷 yɤ^{21}liɔ^{0}iɤ^{31}	冰凌 piŋ^{53}liŋ^{0}

	04 冰雹	05 去年	06 明天
介休	冷子 lia^{42}tsʌʔ^{0} 冷蛋子 lia^{42}tæ^{45}tsʌʔ^{0}	年时 n̩iɛ̃^{33}sʅ^{13}	第〓明 tei^{45}mi^{0}
平遥	冷蛋子 ləŋ^{51}tɑ̃^{31}tsʌʔ^{0}	年时 n̩iɛ̃^{22}sʅ^{13}	第〓明 ti^{24}mi^{31}
祁县	冷蛋子 lɔõ^{31}tɑ̃^{45}tsəʔ^{0}	年时 n̩iɛ̃^{23}sʅ^{31}	明天 miɔõ^{23}tʰiɛ^{31}
寿阳	拔〓子 paʔ^{54}təʔ^{0} 冷蛋子 lɤ^{53}tæ^{45}təʔ^{0}	年时 n̩iı^{22}sʅ^{22}	明儿 miə̃^{22}ər^{0}
太谷	冷蛋子 lɤ^{31}tɑ̃^{24}tsəʔ^{0}	年时儿 n̩iɛ̃^{33}sər^{33}	早清〓 tsɯ^{31}tɕʰi^{33}
小店	冷蛋子 ləŋ^{53}tæ^{24}tsəʔ^{0}	年时 n̩iæ^{11}sʅ^{11}	早清〓 tsɔ^{53}tɕʰi^{11} 明日 miə̃^{11}zʔ^{1}
文水	冷蛋子 ləŋ^{42}taŋ^{22}tsəʔ^{0}	年时 n̩iæ̃^{22}sʅ^{11}	天明 tiæ̃^{35}miæ̃^{42}
孝义	冷子 lia^{31}tsəʔ^{0}	年时 n̩iE^{33}sʅ^{11}	第〓明 ti^{45}mi^{0}
方山	冷雨 lia^{24}y^{31}	年时 niɛ^{44}sʅ^{0}	明儿 miɐr^{52}

	04 冰雹	05 去年	06 明天
交口	冷雨 lia²³y³²	年时 ȵiɑ̃⁴⁴sʅ⁰	明朝 miɛ⁴⁴tsɑo⁰
柳林	冷雨 lia²⁴y³¹²	年时 nie⁴⁴sʅ⁰	明 mi4⁴³
临县	冷雨 lia²⁴y³¹	年时 nie³³sʅ³¹ 去年 tɕʰy⁵²nie³³	明儿 miər⁵² 明天 miɑ̃³³tʰie³¹
离石	冷子 ləŋ³¹tsəʔ⁰	年时 nii⁴⁴sʅ⁰	明儿 mər⁵³
石楼	冷雨 lɛi²⁴y⁰ 冷雨圪瘩子 lɛi²⁴y⁰kəʔ²⁴tʌʔ⁰tsəʔ⁰	年时 ȵiɑŋ⁴⁴sʅ⁰	明朝 miɛ⁴⁴tsɔo⁰ 明 miɛ⁵¹
中阳	冷雨 lia²⁴y⁴²³	年时 nie³³sʅ⁰	明 mi⁵³
蒲县	冷子 lɤ³¹tsʅ⁰	年时 ȵiæ̃³¹sʅ³³ 去年 tɕy³³ȵiæ̃³¹	明个儿 miɛ²⁴kər³¹
隰县	冷雨 liɛ²¹y²¹	年时 ȵiaŋ²⁴sʅ⁵³	明早 miɛ²⁴tsɑo⁵³
长治市城区	冷子蛋 ləŋ⁵⁵təʔ³⁵taŋ⁴⁴	年时 ȵiaŋ²⁴sʅ⁴⁴	明个 mi²⁴kəʔ⁰
平顺	冷冷蛋 ləŋ⁴³⁴ləŋ⁰tæ̃⁵³	年时 ȵiæ²²sʅ²²	明天 miŋ¹³tʰiæ̃²²
沁水县端氏镇	冷蛋 lai²⁴tæ⁰	年时 nei²⁴sʅ⁰	明个 miɛ²⁴kɤ⁰
沁县	冷子蛋 lə̃⁵³ləʔ⁰tæ⁵⁵ 冷冷蛋 lə̃⁵³lə̃²⁴tæ⁵⁵	年时 nei³³sʅ³³	明天 miɑ̃³³tɕʰi³³
沁源	冷蛋子 lə̃³²tæ̃⁵³tsəʔ⁰	年时 ȵiæ̃³³sʅ³³	明早 mi³³tsɔo³²
屯留	冷冷蛋 ləŋ⁴³ləŋ⁰tæ̃⁴¹	年时 ȵiæ¹¹sʅ¹¹	明天 miəŋ²⁴tʰiæ̃³¹
襄垣	冷蛋 ləŋ⁴²tæ⁴⁵	年时 ȵiei³¹sʅ³³	明日 miəŋ³¹zʌʔ³
长子	冷圪蛋 ləŋ⁴³kəʔ²⁴tæ̃⁵³ 冷蛋 ləŋ⁴³tæ̃⁵³	年时 ȵiæ²²sʅ³³	崭⁼新⁼ tsæ⁴³sɛ̃³¹²
陵川	冷蛋 ləŋ³¹tʌ̃²⁴	年时个 niə̃⁵³ʂʅ³³kʌʔ³	明儿个 miər⁵³kʌʔ³
保德	冷雨 ləŋ²⁴y²¹³ 冷雨疙蛋子 ləŋ²⁴y²¹³kəʔ²⁴taŋ⁵²tsəʔ⁰	年时 niaŋ⁴⁴sʅ⁰	明儿 miər⁵²

	04 冰雹	05 去年	06 明天
定襄	冷蛋子 ləŋ⁴²tæ⁵³taʔ⁰	年时 niə¹¹sʅ²⁴	明儿 miər¹¹
繁峙	冷蛋 ləŋ⁵³tɛ⁰	年省 ⁼n̠iɛ³¹səŋ⁰	明儿 miər³¹
河曲	雨圪蛋 y²¹kəʔ⁴tæ⁵² 冰圪蛋 piŋ²¹³kəʔ⁴tæ⁵²	年时 niɛ⁴⁴sʅ²¹³	明儿 miɐ⁵²
岢岚	冷子 ləŋ²¹tsəʔ⁰ 冷雨 ləŋ¹³y¹³	年时 niɛ⁴⁴sʅ⁰	明儿 miər⁵²
灵丘	冷蛋子 ləŋ²⁴tæ:⁵³	年时 nie³¹səŋ⁰	明儿个儿 miər³¹kər⁰ 明儿 miər³¹
宁武	冷蛋子 lʮɯ²¹tæ⁵²tsəʔ⁰	年时 niɛ³³sʅ⁰	明儿 miɤ⁵²
偏关	冷蛋子 lʮŋ²¹³tæ⁵²tsəʔ⁰ 冷子 lʮŋ²¹³tsəʔ⁰	年时 nii⁴⁴sʅ⁰	明儿 miər⁴⁴
神池	冷子 lə̃¹³tsəʔ⁰	年时 n̠ie³²sʅ⁰	明儿 miə⁵²
五寨	冷子 ləɣ̃³¹tsəʔ⁰	年时 nii⁴⁴sʅ⁰	明儿 miər⁵²
忻府	冷蛋子 la⁴²tɑ̃⁵³nəʔ⁰ 冷子 la³¹³zəʔ⁰	年时 niɛ̃⁴²sʅ³³	明儿 miər²¹
阳曲	冷蛋子 lə̃⁵³tæ⁴⁵⁴tsəʔ⁰	年时 n̠ie⁴³sʅ⁴³	明儿 miə̃⁴³ai⁰
新荣	蛋子 tæ²⁴tsəʔ⁰ 冷子 lʮ⁵⁴tsəʔ⁰	年省 ⁼nie³¹sɤɣ⁵⁴	明儿个 miər³¹²kəʔ⁰ 明天 miy³¹²tʰiɛ⁰
大同县	蛋子 tæ²⁴ɭəʔ⁰	去年 tɕʰy²⁴niɛ⁰	明儿个 miər³¹²kəʔ⁰
怀仁	蛋子 tæ²⁴zəʔ⁰ 冰雹 piəŋ⁴²pou²⁴	年省 ⁼个 niæ³¹²səŋ⁵³kəʔ⁰	明儿 miər³¹²
昔阳	雹 pɔo³³	年时 niæ̃³³sʅ³³	明儿 mə̃r³³
左云	蛋子 tæ²⁴tsəʔ⁰	年时个 niɛ³²sʅ⁵⁴kəʔ⁰	明儿个 miər³¹³kəʔ⁰
洪洞县 赵城镇	冷子 lɛ³³tsʅ⁰	年时个 n̠iɑ̃²²sʅ⁰kʮ⁰	明儿个 miə̃r²²kʮ⁰
尧都	冰雹 piəŋ²¹pau²⁴	年时个 n̠iæ²¹ʂʅ⁰kʮ⁰	明儿个 miə̃r²⁴kʮ⁰
翼城	冷圪瘩 lɔ⁴⁴kɯ⁵³tA⁰	年时 n̠iɛɿ⁵³ʂʅ¹²	明朝个 mA⁴⁴tʂo⁵³kʮ⁰

	04 冰雹	05 去年	06 明天
侯马	冷子圪瘩 lie²¹tsʅ²²kɤ⁵³taʔ⁰	年时个 n̠iæ̃⁵³sʅ⁰kɤ⁰	明个儿 mie⁵³kɤ⁰ 明朝 mie⁵³tau⁰
稷山	冷子 lie¹³tsʅ⁰	年时个 n̠iã⁵³ʂʅ⁰kɤ⁰	明到 mie⁵³tau⁰ 明个 mie⁵³kɤ⁰
万荣	冷子 lia⁵¹tsʅ⁰	年儿个 n̠iæ:²¹³kɤ⁰ 年时个 n̠iæ²¹sʅ³³kɤ⁰	明儿个 mie:²¹³kɤ⁰ 明朝 mie²¹tsau³³
新绛	凌圪瘩 lie⁵³ki³¹taʔ⁰	年时个 n̠iã¹³sʅ³¹kɤ⁰	明儿个 miɚ⁴⁴kɤ⁰
垣曲	凌疙瘩 lie⁴⁴kɤ³¹taʔ⁰	年时 n̠iæ̃³⁵sʅ²²	明个 mie⁵³kɤ³¹
临猗	冷子 lia⁵³tsʅ⁰ 冰雹 piəŋ¹³pau⁴²	年时个 n̠iæ̃¹³sʅ⁰kɤ⁰ 去年 tɕʰy⁴⁴n̠iæ̃⁰	明个 mie¹³kɤ⁰
芮城	冷子 lia⁵³tsʅ⁰	年时 n̠iæ̃¹³sʅ⁵³	明到 mie¹³tau⁴²
乡宁	冷子 lia⁴⁴tsʅ⁰	年时 n̠iæ¹²sʅ⁰	明早 mie¹²tsau⁴⁴
广灵	蛋子 tæ²¹³zə⁰	年省＝ n̠iæ³¹səŋ⁰	明儿个 miɚ³¹kə⁰

	07 扁担	08 玉米指成株的植物	09 高粱指植物
介休	扁担 pæ̃⁴²tæ̃⁴⁵	玉黍黍 y⁵³tʰɔo⁴⁵sʅ⁰	黍黍 tʰɔo⁴⁵sʅ⁰
平遥	扁担 pã⁵¹tã²⁴	玉稻黍 y²⁴tʰɔ³¹sʅ⁰	稻黍 tʰɔ²⁴sʅ³¹
祁县	扁担 pã³¹tã⁴⁵	玉茭子 iəβ⁴⁵tɕiɒ⁵³tsə⁰	茭子 tɕiɒ²³tsə⁰
寿阳	扁担 pii⁵³tæ²²	玉茭子 ɥ⁴⁵tɕiɒ³¹təʔ⁰ 玉茭茭 ɥ⁴⁵tɕiɒ³¹tɕiɒ⁰	高粱 kɔo³¹liɒ²²
太谷	扁担 pã³¹tã⁵³	玉茭子 y²⁴tɕiɯ³³tsə⁰	茭子 tɕiɯ³³tsə⁰
小店	扁担 pæ⁵³tæ²⁴	玉茭子 y²⁴tɕiɒ¹¹tsəʔ⁰	茭子 tɕiɒ¹¹tsə⁰
文水	扁担儿 paŋ⁴²taŋ²²ɚr⁰	玉稻黍 ɥ²²tʰau³⁵sɔɸ²²	稻黍 tʰau³⁵sɔɸ²²
孝义	扁担 pã³¹tã⁴⁵⁴	玉稻黍 y⁴⁵tʰao³³su³¹²	稻黍 tʰao⁴⁵su³¹²
方山	扁担 pæ³¹tæ⁵²	玉稻黍 y⁵²tʰou⁵²sʅ⁰	稻黍 tʰou⁵²sʅ⁰
交口	担子 tã⁵³tsəʔ⁰	玉稻黍 y⁵³tʰao⁵³sʅ⁰	稻黍 tʰao⁵³sʅ⁰
柳林	扁担 pæ³¹²tæ⁵³	玉稻黍 y⁴⁴tʰou⁵³su⁰	稻黍 tʰou⁵³su⁰

	07 扁担	08 玉米指成株的植物	09 高粱指植物
临县	扁担 pæ³¹tæ⁵²	南稻黍 næ³³tʰɔu⁵²sʅ³¹ 玉稻黍 y⁵²tʰɔu⁵²sʅ³¹	稻黍 tʰɔu⁵²sʅ³¹
离石	扁担 pæ³¹tæ⁵³	玉稻黍儿 zʅ⁴⁴tʰou⁵³sur⁰	稻黍 tʰou⁵³su⁰
石楼	扁担 paŋ²¹taŋ⁵¹ 担子 taŋ⁵¹tsəʔ⁰	玉稻黍 y⁴⁴tʰɔɔ⁵¹ʂu⁰	稻黍 tʰɔɔ⁵¹ʂu⁰
中阳	扁担 pæ⁴²³tæ⁵³	玉稻黍 y³³tʰɔɔ⁵³ʂu⁰	稻黍 tʰɔɔ⁵³ʂu⁰
蒲县	担子 tʰæ³³tsʅ⁰	稻黍 tʰau³³ʂu³¹	高粱 kau⁵²liaŋ³¹
隰县	担子 tæ⁴⁴tsəʔ⁰	玉稻黍儿 y⁴⁴tʰao⁴⁴sur²¹	稻黍儿 tʰao⁴⁴sur²¹
长治市城区	担杖 taŋ⁴⁴tsaŋ⁴⁴	玉茭 y²⁴tɕiao⁰	茭子 tɕiao³¹tsʅ³⁵
平顺	担子 tæ⁵³lə⁰	玉茭 y⁵³tɕiɔ²²	茭子 tɕiɔ²¹³tsʅ²²
沁水县端氏镇	担杖 tæ⁵³tsaŋ⁰	玉茭 i⁵³tɕiɔ²¹	茭子 tɕiɔ²⁴tsʅ³¹
沁县	扁担 pæ⁵³tæ⁵³	玉茭 zʅ⁵⁵tɕio⁰	茭子 tɕio²⁴ləʔ⁰
沁源	扁担 pæ³²tæ̃⁵³	玉稻黍 y⁵³tʰɔɔ⁵³ʂu⁰	稻黍 tʰɔɔ⁵³ʂu⁰
屯留	担子 tæ⁵⁵təʔ¹	玉茭 y¹¹tɕiɔ⁴⁴	茭子 tɕiɔ³¹tsʅ⁰
襄垣	扁担 pæ⁴²tæ⁴⁵	玉茭 y⁴⁵tɕiɔɔ³³	茭子 tɕiɔɔ³³tsʅ⁰
长子	担杖 tæ⁴²tsaŋ⁵³	玉茭 y⁴⁴tɕiɔ⁰	茭子 tɕiɔ³¹tsʅ²⁴
陵川	担杖 tã³³tʂaŋ²⁴ 肩担 tɕiə̃ĩ³³tã²⁴	玉茭 y²⁴tɕiɔɔ³³	茭子 tɕiɔɔ³³tʂʅ⁰
保德	担子 taŋ⁵²tsəʔ⁰	玉稻黍 y⁵²təu⁵²ʂu⁰	红稻黍 xuəŋ⁴⁴təu⁵²ʂu⁰
定襄	扁担 pæ⁴²tæ²⁴	玉茭子 y⁴⁴tɕiɔu⁰taʔ¹	茭子 tɕiɔu²⁴taʔ⁰
繁峙	担子 tɛ²⁴tsəʔ⁰	玉茭 y²⁴tɕiao⁰	红茭 xuəŋ²⁴tɕiao⁰
河曲	扁担 pæ²¹tæ⁵² 担杖 tæ⁵²tʂɐ⁰	玉稻黍 y⁵²tɔu⁵²ʂu⁰ 玉茭子 y⁵²tɕiɔu²¹³tsəʔ²⁴	稻黍 tɔu⁵²ʂu⁰
岢岚	扁担 pæ²¹tæ⁵²	玉黍黍 y⁵²ʂu²¹ʂu⁰ 玉茭子 y⁵²tɕiau¹³tsəʔ⁰	高粱 kau²²liə⁴⁴

	07 扁担	08 玉米指成株的植物	09 高粱指植物
灵丘	担杖 tæ⁵³tsɒ⁰	玉黍棒子 y³¹suº pɒ⁵³ə⁰	高粱 kɔɔ⁴⁴²liŋ⁰
宁武	担杖 tæ⁵²tsɒ⁰	玉茭子 y⁵²tɕiɔɔ²³tsə?⁰	红茭子 xuɤɯ³³tɕiɔɔ²³tsə?⁰
偏关	担仗 tæ⁵²tʂɒ⁰ 扁担 piɪ²¹tæ⁵²	玉茭子 q⁵²tɕiɔɔ²¹³tsə?⁰ 玉黍黍 q⁵²ʂu²¹³ʂu⁰	稻黍 tɔɔ⁵²ʂu⁰
神池	担杖 tæ⁵²tsɒ⁰	玉茭子 y⁵²tɕiɔɔ²¹tsə?⁰ 玉米 y⁵²mi²¹	红茭子 xuɤ²⁴tɕiɔɔ²¹tsə?⁰ 高粱 kɔɔ²¹liŋ³²
五寨	担杖 tæ⁵²tsɒ⁰	玉黍黍 y⁵²su⁵²su⁰ 玉茭子 y⁵²tɕiau¹³tsə?⁰	高粱 kau³¹liɔ⁴⁴
忻府	扁担 pã⁴²tã⁵³	玉茭子 y⁵³tɕiɔɔ³¹zə?⁰	茭子 tɕiɔɔ³¹³zə?⁰
阳曲	扁担 pæ⁵³tæ⁴⁵⁴	玉茭子 y⁴⁵tɕiɔɔ³¹tsə?⁰	茭子 tɕiɔɔ³¹²tsə?⁰
新荣	担杖 tæ²⁴tʂɔ⁰	玉茭子 y²⁴tɕiɔu²⁴tsə?⁰ 玉米 y²⁴mi⁵⁴	高粱 kɔu³²liɔ⁰
大同县	担杖 tæ²⁴tʂɔ⁰	玉茭 y²⁴tɕiau⁰ 玉茭儿 y²⁴tɕiɔr⁰	高粱 kau²¹liɔ⁰
怀仁	担杖 tæ²⁴tsɒ⁰	玉米 y²⁴mi⁵³ 玉茭儿 y²⁴tɕiɔur⁴²	高粱 kɔu⁴²liŋ⁰
昔阳	扁担 pæ⁵⁵tæ¹³	玉茭 y¹³tɕiɔɔ³³	高粱 kɔɔ⁴²liɔu³³
左云	担杖 tæ²⁴tsɒ⁰	玉茭子 y²⁴tɕiɔu³²tsə?⁰	高粱 kɔu²¹liŋ⁰
洪洞县 赵城镇	担 tã²⁴	稻黍 tʰao⁴⁴ʂu⁰	红稻黍 xuɛŋ²²tʰao⁴⁴ʂu⁰
尧都	担 tæ̃⁴⁴	棒子 paŋ⁴⁴tsʅ⁰	稻黍 tʰau⁴⁴fu⁰
翼城	钩担 kou¹²tæ̃⁵³	玉米 y⁴⁴mei⁰	稻黍 tʰɔɔ⁴⁴fu⁰
侯马	担 tæ̃⁵³	玉稻黍 y⁵³tʰau²¹fu⁴⁴	稻黍 tʰau²¹fu⁴⁴
稷山	水担 fu¹³tã⁵³	玉稻黍 y⁵³tʰau⁴²pfʰu⁰	稻黍 tʰau⁴²pfʰu⁰
万荣	水担 fu⁵⁵tæ⁰	玉稻黍 y⁵⁵tʰau⁵¹fu⁰	稻黍 tʰau⁵¹fu⁰
新绛	水担 fu⁵³tã³¹	玉稻黍 y⁵³tʰao³¹fu³¹	稻黍 tʰao⁵³fu³¹
垣曲	担 tæ̃ː⁵³	茭草 tɕiau³¹tsʰau⁴⁴	三〝茭草 sæ̃³⁵tɕiau³¹tsʰau⁴⁴

续表

	07 扁担	08 玉米指成株的植物	09 高粱指植物
临猗	水担 fu⁵³tæ̃⁴²	稻黍 tʰau⁴²fu⁰ 玉茭 y⁴⁴tɕiau⁴²	高粱 kau⁴²liaŋ⁰
芮城	担 tæ̃⁴⁴	玉谷 y⁴⁴ku⁰	稻黍 tʰau⁴²fu⁰
乡宁	水担 ʂu⁴⁴tæ⁰	稻黍 tʰau²²ʂu⁴⁴	高粱 kau⁵³liaŋ¹²
广灵	担子 tæ²¹³zə⁰	玉米 y²¹³mi⁰	高粱 kʌu⁵³liɔ⁰

	10 马铃薯	11 向日葵指植物	12 老鼠
介休	山药蛋儿 sæ̃³³yʌʔ³¹tãr¹³ 土豆儿 tʰu⁴²təur⁴⁵	朝阳花 tʂʰɔo³³iɛ̃¹³xua¹³	□儿 kur⁴⁵
平遥	山药 sã³¹iʌʔ⁵²	朝阳花 tʂʰɔ²²iã²²xua¹³	姑⁼儿 ku³¹zʌʔ⁰ 缓读 角姑⁼儿 kur¹³ 急读
祁县	山药 sã²³iaʔ²³	朝阳花 tʂʰu²³ia²³xua³¹ 葵花 kʰuəi²³xua³¹	老鼠 lɔɔ³¹suβ¹⁴
寿阳	山药蛋 sæ³¹iɛʔ²tæ⁴⁵	葵花 kʰuei³¹xua²²	老鼠 lɔo⁵³sʅ²² 害的 xai⁴⁵təʔ⁰
太谷	山药蛋儿 sã³³iaʔ³tãr⁵³	葵花 kʰei³³xuɒ³³	老鼠 lauɯ³¹fu⁵³
小店	山药蛋 sæ¹¹iəʔ¹tæ²⁴	葵花 kʰuei¹¹xuɑ¹¹	毛姑⁼儿 mɔo¹¹ku¹¹æ⁰ 老鼠 lɔo⁵³fu¹¹
文水	山药蛋儿 saŋ²²iu¹¹taŋ³⁵ər⁰	葵花 kʰuei²²xua³⁵	毛□儿 mau²²kəɸ¹¹ər⁰
孝义	山药蛋儿 sã³³iəʔ³tɐr⁴⁵⁴	朝阳花 tʂʰɒ³³iã³³xua¹¹	姑⁼儿 kur⁴⁵⁴
方山	山药 sæ²⁴iɛʔ⁰	朝阳花 tʂʰou⁴⁴iɔ⁴⁴xua⁰	旮旯家 kəʔ²la⁵²tɕia⁰ 老鼠 lou²⁴sʅ⁰
交口	山药 sã³²iã²³ 山药蛋儿 sã³²iã²³tɐr⁵³	朝阳花 tsʰao⁴⁴iã⁴⁴xua⁰ 葵花 kʰuei⁴⁴xua⁰	老□ l lao³²ku²³
柳林	山药 sæ²⁴iɛʔ⁰	朝阳花 tsʰou⁴⁴iɔ⁴⁴xua²⁴	老鼠 lou²⁴su³¹²
临县	山药 sæ²⁴iɐʔ³¹	朝阳花 tʂʰɔu³³iɒ³³xua³¹ 葵花 kʰuei²⁴xua³¹	老鼠 lou²⁴sʅ³¹

	10 马铃薯	11 向日葵指植物	12 老鼠
离石	山药 sæ^{24}ieη^0	葵花 k^{h}uɛe^{24}xua^{24}	老鼠 lou^{24}su^{31} □儿 kur^{24} 眢儿儿家 kəη^4lɐr^{53}tɕia^0
石楼	山蔓菁 saŋ^{21}maŋ^{44}tɕiɛ^0	葵花 k^{h}uei^{44}xua^0	老鼠 lɔo^{24}şu^0
中阳	山药蛋 sæ^{24}ieη^{312}tæ^{53}	葵花 k^{h}uɛe^{24}xua^{24}	姑 ᵕku^{24} 眢儿家 kəη^4la^{53}tɕia^0 老鼠 lɔo^{24}şu^0
蒲县	山蔓菁 sæ̃^{52}me^{31}tɕiɛ^0	葵花 k^{h}uei^{31}xua^{33}	老鼠 lau^{31}şu^{31}
隰县	山蔓菁 sæ^{53}maŋ^{24}tɕiəη^0	朝阳花 tʂ^{h}ao^{24}iaŋ^{24}xua^{53}	老鼠儿 lao^{21}sur^{21}
长治市城区	地瓜蛋儿 ti^{24}kua^{31}tɐr^{54}	望月花 uaŋ^{54}yəη^5xua^{312} 葵花 k^{h}uei^{31}xua^{24}	老耗子 lao^{53}xao^{44}təη^{535} 兀家子 vei^{24}tɕia^{44}təη^0 婉称
平顺	山蛋子 sɔ^{213}tæ̃^{53}lə^0	葵花 k^{h}uei^{213}xua^{22}	老鼠 lɔ^{434}su^{53}
沁水县端氏镇	山蔓菁 sæ^{21}mæ^{24}tɕiŋ^{21} 山药蛋 sæ^{24}iaη^{22}tæ^{53} 山药 sæ^{24}iaη^0	葵花 k^{h}uai^{24}xɒ^{21}	老鼠 lɔ^{24}tş^{h}u^0
沁县	山药 sæ^{24}iæη^{31}	葵花 k^{h}uei^{33}xua^0	老鼠 lɔo^{53}su^{53}
沁源	蔓菁 mæ^{33}tɕi^{32}	朝阳花儿 tʂ^{h}ɔo^{33}iʌ̃^{33}xuɐr^{324} 葵花儿 k^{h}uei^{33}xuɐr^{33}	老鼠 lɔo^{32}şu^{53}
屯留	山药蛋 sæ̃^{31}iəη^4tæ̃^{11}	葵花 kuei^{31}xua^{44}	老耗子 lɔo^{43}xɔo^{44}təη^1 老鼠 lɔo^{43}su^{44}
襄垣	蔓菁 mæ^{44}tɕiəη^{33} 山药 sæ^{33}iʌη^3	葵花 k^{h}uei^{53}xua^{33}	老耗 lɔo^{42}xɔo^{53}
长子	山药蛋 sæ̃^{24}iəη^{21}tæ̃^{53}	葵花 k^{h}uei^{31}xua^{24}	老耗子 lɔ^{43}xɔ^{53}təη^0
陵川	地蔓菁 ti^{24}mã^{53}tɕiŋ^{33} 地蔓 ti^{24}mã^{53}	葵花 k^{h}uei^{24}xua^{33}	眢 ᵕ儿 ᵕ kəη^3lʌη^{23} 老鼠 lɔo^{24}şu^{31}
保德	山药 saŋ^{24}iɛ^0	葵花 k^{h}uei^{24}xuʌ^0	老鼠 ləu^{24}şu^{213} 耗子 xəu^{52}tsəη^0

	10 马铃薯	11 向日葵指植物	12 老鼠
定襄	土豆 tʰu⁴²təu⁵³	向日葵 ɕiæ⁵³zə?¹kʰuei²⁴	□1子 ku²⁴ta?⁰
繁峙	山药 sɛ⁵³ia?⁰ 土豆 tʰu⁵³təu⁰	朝阳花 tsʰao³¹iɑo⁰xua⁰	耗子 xao²⁴ə⁰
河曲	山药 sæ²¹³iɛ?⁴	葵花 kʰuei²¹³xua⁰	耗子 xɔu⁵²tsə?⁴
岢岚	山药 sæ²²iɛ⁴⁴	葵花 kʰuɛi¹³xua⁰	耗子 xɑu⁵²tsə?⁰
灵丘	山药 sæ⁴⁴²iɔo⁰	朝阳 tsʰɔo²⁴iŋ³¹	耗子 xɔo⁵³ə⁰
宁武	地梨儿 ti⁵²liɐ³³ 山药 sæ²³iʌ?⁴	葵花 kʰuɛɛ²³xuʌ⁰	耗子 xɔo⁵²tsə?⁰
偏关	山药 sæ²⁴iɛ?⁰ 山药蛋 sæ²⁴iɛ?⁰tæ⁵²	葵花 kʰuei²⁴xua⁴⁴	耗子 xɔo⁵²tsə?⁰ 老鼠 lɔo²¹³ʂu⁰
神池	山药蛋 sæ²⁴iʌ?⁴tæ⁵²	葵花 kʰuɛɛ³²xuʌ⁰	耗子 xɔo⁵²tsə?⁰
五寨	山药 sæ¹³iæ³³	九登莲 tɕiəu³¹tə ɣ̃¹³liɪ⁴⁴ 葵花 kʰuei¹³xua⁰	耗子 xɑu⁵²tsə?⁰
忻府	山药 sɑ̃⁴²iɛ⁵³ 山药蛋儿 sɑ̃⁴²iɛ⁵³tɐr⁵³	葵花 kʰuei²¹xua³¹³ 葵花花 kʰuei²¹xuɑ¹³xuɑ³¹	□儿 kuər²¹
阳曲	山药蛋 sæ³¹²iɛ?⁴tæ⁴⁵⁴	葵花 kʰuei⁴³xua³¹²	老鼠 lɔo³¹²su⁴³
新荣	山药 sæ³²iɔu⁰	葵花 kʰuɛɛ³²xuʌ⁰ 麻烦"子儿 mʌ³¹²fæ⁰tsər⁵⁴	耗子 xɔu²⁴tsə?⁰
大同县	山药 sæ²¹yɑ?⁰	葵花 kʰuɛi³¹²xuɑ⁰	耗子 xɑu²⁴ʝə?⁰
怀仁	山药 sæ⁴²iɔu⁰	葵花 kʰuei³¹²xuɑ?⁰	耗子 xɔu²⁴zə?⁰
昔阳	山药 sæ̃⁴²iɔo¹³	葵花儿 kʰuei³³xuɐr³³	圪劳"儿 kʌ?⁴³lɔor¹³
左云	山药 sæ³²iɔu⁰	朝阳花儿 tsʰɔu³¹³iŋ³¹³xuɐr⁰	耗子 xɔu²⁴tsə?⁰
洪洞县 赵城镇	山蔓菁 sɑ̃²¹mɑ̃²¹tɕiɛ⁰	葵花 kʰuei²²xua⁰	老鼠 lao⁴²ʂu⁰
尧都	山药蛋儿 ʂæ²¹yo²¹tʰɐr⁵³	油葵 iou²⁴kʰuei²⁴	老鼠 lau⁵³fu⁰

		10 马铃薯	11 向日葵指植物	12 老鼠
翼城		山药蛋 ʂæ¹²iɔɔ⁴⁴tæ̃⁵³	葵花 kʰuei⁵³xuʌ⁰	老鼠 lɔɔ⁴⁴fu⁴⁴
侯马		山药蛋 sæ⁴⁴iɤ⁰tʰæ⁵³	日照莲 ʑiɛ⁵³tsɑu⁵³liæ̃²¹³	老鼠 lau²¹fu⁴⁴
稷山		山药蛋 ʂã⁵³iɤ⁰tʰã⁰	向冷葵 ɕiʌŋ⁴²lʌŋ⁴⁴kʰuei⁰	老鼠 lau¹³fu⁰
万荣		洋芋子 iaŋ²¹³y⁵⁵tu⁰ 土豆 tʰu⁵⁵tʰəu⁰	葵花 kʰuei²⁴xua⁵¹	老鼠 lau⁵¹fu⁰
新绛		山药蛋 sã⁴⁴iɤ⁵³tʰã³¹	日头花 ʐ̩⁵³tʰəu³¹xua³¹	老鼠 lɔɔ⁵³fu³¹
垣曲		面⁼蛋 miæ̃³⁵tʰæ̃⁵³	葵花 kʰuei³⁵xua⁵³	老鼠 lau⁵³tʂʰu²²
临猗		洋芋 iaŋ¹³y⁴² 土豆 tʰu⁵³tʰəu⁴⁴	葵花 kʰuei¹³xua⁴² 向日葵 ɕiaŋ⁴⁴ʐ̩⁴²kʰuei¹³	老鼠 lau⁵³fu⁰
芮城		洋芋 iaŋ¹³y⁴²	向葵 ɕiaŋ⁵³kʰuei¹³	老鼠 lau⁵³fu⁰
乡宁		山药蛋 sæ⁵³iɤ⁵³tʰæ²²	□1□2 tʂau¹²xuəŋ⁰ 葵花 kʰuei¹²xua⁰ 太阳花 tʰai²²iaŋ⁰xua⁵³	老鼠 lau⁴⁴ʂu⁰
广灵		山药 sæ⁵³iʌu⁰	葵花 kʰuei³¹xuɑ⁰	耗子 xʌu²¹³zə⁰

		13 麻雀	14 厕所旧式的，统称	15 桌子统称
介休		雀儿 tɕʰiɤr⁴²³	后庐⁼儿 xəu⁴⁵ləur⁰	桌子 tsuʌʔ¹tsʌʔ⁰
平遥		雀儿 tɕʰiɔ⁵¹z̩ʌʔ²⁰ 缓读 雀儿 tɕʰiɔr⁵¹² 急读	茅子 mɔ²²tsʌʔ⁰	桌子 tsuʌʔ²¹tsʌʔ⁰
祁县		雀儿 tɕʰiəβ³¹əʅ⁰	茅厕 mʊɔ²³tsəʔ⁰	桌子 tsuɑʔ²³tsəʔ⁰
寿阳		老家雀 lɔɔ⁵³tɕiɑ³¹tɕʰiɔɔ⁵³	茅子 mɔɔ²²təʔ⁰	桌子 tsuaʔ²təʔ⁰
太谷		雀儿 tɕʰiɤr³¹²	茅子 mɑu³³tsəʔ⁰	桌桌 tsuʌʔtsuaʔ³
小店		雀儿 tɕʰiɔɔ⁵³æ⁰	茅子 mɔɔ¹¹tsəʔ⁰	桌子 tsuaʔ¹tsəʔ⁰
文水		雀儿 tɕʰiu⁴²ər⁰	茅子 mau²²tsəʔ⁰	桌子 tsuaʔ²tsəʔ⁰
孝义		雀儿 tɕʰiɤr³¹²	茅子 mao³³tsəʔ⁰	桌子 tsuaʔ³tsəʔ⁰
方山		麻雀 ma⁴⁴tɕʰiou⁰	茅子 mou⁴⁴tsəʔ⁰	桌子 tsuɑʔ⁴tsəʔ⁰

续表

	13 麻雀	14 厕所旧式的，统称	15 桌子统称
交口	雀儿 tɕʰiaor³²³ 麻雀儿 ma⁴⁴tɕʰiaor⁰ 麻野雀儿 ma⁴⁴ia³²tɕʰiaor⁰	茅子 mao⁴⁴tsə⁰	桌子 tsuaʔ⁴tsə⁰
柳林	家雀 tɕia²⁴tɕʰiou³¹²	茅子 mou⁴⁴tsə⁰	桌子 tsuaʔ⁴tsə⁰
临县	雀儿 tɕʰyər³¹²	茅圈 mou³³tɕye⁵²	桌子 tsuaʔ³tsɐʔ³
离石	雀儿 tɕʰiour³¹²	茅子 mou⁴⁴tsə⁰	桌子 tsuaʔ⁴tsə⁰
石楼	雀雀 tɕʰiɔo²¹tɕʰiɔo⁴⁴	茅子 mɔo⁴⁴tsə⁰ 厕所 tsʰʌʔ⁴ʂuə⁰	桌子 tʂʌʔ⁴tsə⁰
中阳	雀 tɕʰiɔo⁴²³	茅子 mɔo³³tsə⁰	桌子 tsuaʔ⁴tsə⁰
蒲县	雀娃儿 ɕyɛʔ⁴³uɐ²⁴	茅子 mau³¹ŋ³³	桌子 tsuo⁵²tsʅ⁰
隰县	雀子 ɕyəʔ⁴tsə⁰	茅子 mao²⁴tsə⁰	桌子 tsuaʔ⁴tsə⁰
长治市城区	小虫儿 ɕiao⁵⁵tsʰuər³¹²	茅家 mao²²tɕiəʔ⁵	桌子 tsuə⁵təʔ⁵
平顺	野雀子 iɛ⁴³⁴tɕʰiɔ²²lə⁰	高⁼阶⁼kɔ²¹³ciəʔ²²	桌子 tsuʌʔ²¹²lə⁰
沁水县端氏镇	雀 ɕyə²²	茅 mɔ²⁴	桌 tsuə²²
沁县	小虫子 ɕiɔ²⁴tsʰuə⁰ʔɕɪʔ²⁰	高⁼阶 kɔo³³tɕiɛ³³	桌子 tsuaʔ³lə²⁰
沁源	蝎⁼儿子 ɕiə²ʔ³ər³³tsə⁰	茅子 mɔo³³tsə⁰	桌子 tʂʌʔ⁵tsə⁰
屯留	小虫 ɕiɔo⁴³tsʰuəŋ⁴⁴	高阶 ⁼kɔo³¹tɕiəʔ¹	桌子 tsuə¹təʔ⁴
襄垣	小虫儿 ɕiɔo⁴²tsʰuər³³	高阶 ⁼kɔo³³tɕiɛ³³ 茅房 mɔo³¹fɔ³³	桌 tsuʌʔ³
长子	小虫儿 ɕiɔ⁴³tsʰuər²⁴	茅家 mɔ²²tɕiəʔ⁴⁴	桌子 tsuə²⁴⁴təʔ⁰
陵川	小虫 ɕiɔo³¹tʂʰuŋ³³	茅 mɔ⁵³	桌 tʂɔ²⁴
保德	雀儿 tɕʰyər²¹³	茅瓮 məu⁴⁴vəŋ⁵² 茅子圈 məu⁴⁴tsəʔ²tɕyaŋ⁵² 后楼圈 xəu⁵²ləu⁴⁴tɕyaŋ⁵²	桌子 tʂʌ⁴⁴tsə⁰
定襄	小雀儿 ɕiɔu⁴²tɕʰyər⁵³	茅子儿 məu¹¹tər¹¹	桌子 tsuəʔ¹taʔ⁰

	13 麻雀	14 厕所旧式的，统称	15 桌子统称
繁峙	家雀儿 tɕia⁵³tɕʰyɚ³¹ 家巴蛋 tɕia⁵³pa⁰tɛ⁰	茅圊 ˉmɑo³¹tɕʰiəŋ⁰	桌子 tsuaʔ¹³ə⁰
河曲	雀儿 tɕʰyɚ²¹³	后楼圈 xɤɯ⁵²lɤɯ⁴⁴tɕyɛ⁵²	桌子 tʂuaʔ⁴tsəʔ⁴
岢岚	家巴子雀儿 tɕia²²pa⁴⁴tsəʔ⁰tɕʰyɚ¹³	茅子 mɑu⁴⁴tsəʔ⁰	桌子 tʂuaʔ⁴tsəʔ⁰
灵丘	家雀子 tɕiaᴀ⁴⁴²tɕʰiɔo⁴⁴²ə⁰	茅坑 mɔo³¹tɕʰiŋ⁰	桌子 tsuaᴀ³²zə⁰
宁武	家巴ˉ子 tɕiaᴀ²³pᴀ²³tsəʔ⁰ 小虫儿 ɕiɔo³²tʂʰuɤ⁰	后楼 xəu⁵²ləu³³ 茅子 mɔo³³tsəʔ⁰	桌子 tsuaᴀ²⁴tsəʔ⁰
偏关	老家巴ˉ lɔo²¹³tɕia⁴⁴pa⁴⁴ 老圪丢 ˉlɔo²¹³kəʔ⁴tiɤu²¹³	后楼 xɤu⁵²lɤu⁴⁴ 茅房 mɔo⁴⁴fɔ⁰ 茅子 mɔo⁴⁴tsəʔ⁰	桌子 tʂua⁴⁴tsəʔ⁰
神池	家巴ˉ子 tɕiaᴀ²⁴pᴀ³²tsəʔ⁰	后楼 ˉxəu⁵²ləu²¹	桌子 tsuaᴀ²⁴tsəʔ⁰
五寨	家巴子 tɕia¹³pa⁴⁴tsəʔ⁰	茅子 mɑu⁴⁴tsəʔ⁰	桌子 tʂuaʔ⁴tsəʔ⁰
忻府	飞鸟儿 fei³¹niɚ³¹ 小雀儿 ɕiɔo¹³tɕʰiɚ³¹	厕所 tsʰaʔ³²suɛ³¹³ 茅子儿 mɔo²¹zɚ³¹ 茅房 mɔo²¹fɛ²¹	桌子 tsuaᴧ³²zəʔ⁰
阳曲	飞禽 fei³¹²tɕʰiə̃⁴³	茅子儿 mɔo⁴³tsəʔ⁴ai⁰ 茅房 mɔo⁴³fɔ⁴³	桌子 tʂuəʔ⁴tsəʔ⁰
新荣	家巴雀儿 tɕiaᴀ³²pᴀ³²tɕʰiɚ⁵⁴ 家雀儿 tɕiaᴀ³²tɕʰiɚ⁵⁴	茅厕 mɔu¹²sʅ⁰	桌子 tʂuaʔ⁴ʅəʔ⁰
大同县	家巴雀儿tɕia²¹pa²¹tɕʰiɔr⁵⁵	茅厕 mɑu³¹²səʔ⁰	桌子 tʂuaʔ⁴ʅəʔ⁰
怀仁	家巴雀儿tɕia⁴²pa⁴²tɕʰiɔur⁵³	茅舍儿 mɔu³¹²sɚr⁵³	桌子 tsuaʔ⁴zəʔ⁰
昔阳	家雀儿 tɕia⁴²tʂʰɔor¹³	茅 mɔo³³	桌 tsuɑ³³
左云	家巴雀儿 tɕia³¹pa³²tɕʰyɚ⁵⁴	茅厕 mɔu³¹³sʅ⁰	桌子 tsuaʔ⁴⁴tsəʔ⁴⁴
洪洞县 赵城镇	飞娃儿 ɕy²¹uɚr⁰	茅子 mao²²tsʅ⁰	桌子 tʂuɤ⁴⁴tsʅ⁰
尧都	飞娃子 ɕy²¹ua⁰tsʅ⁰	茅房 mɑu²¹faŋ⁰	桌子 tʂuo²¹tsʅ⁰

续表

	13 麻雀	14 厕所旧式的, 统称	15 桌子统称
翼城	栖ᵘ树ᵘ麻 ɕi¹²fu⁵³mʌ⁰	茅子 mɔɔ⁵³ŋ⁰	桌子 pfʌ⁵³ŋ⁰
侯马	飞虫儿 ɕi⁴⁴tʂʰɚr⁰	茅子 mau⁵³tsɿ⁰	桌子 tʂuɤ⁵³tsɿ⁰
稷山	飞虫 ɕi⁵³pfʰə̃⁰	茅子 mau⁵³tsɿ⁰	桌子 pfɤ⁵³tsɿ⁰
万荣	飞虫 ɕi⁵¹pfʰaŋ⁰	茅子 mau²¹³tu⁰	桌子 pfɤ⁵¹tu⁰
新绛	飞虫儿 ɕi⁴⁴pfʰɚr⁵³	茅子 mao¹³tsɿ⁰	桌子 pfɤ⁵³tsɿ⁰
垣曲	飞虫 ɕi³¹tʂʰuəŋ⁴⁴	茅 mau⁵³	（桌子）tʂuo:³⁵
临猗	飞虫 ɕi⁴²pfʰəŋ¹³ 麻雀 ma¹³tɕʰyɛ⁴²	茅子 mau¹³təu⁰	桌子 pfo⁴²təu⁰
芮城	飞虫 ɕi⁴²pfʰəŋ¹³	茅子 mau¹³tsɿ⁰	桌子 pfɤ⁴²tsɿ⁰
乡宁	飞虫子 ɕi⁵³tʂʰuəŋ¹²tsɿ⁰	茅子 mau¹²tsɿ⁰	桌子 tʂuɤ⁵³tsɿ⁰
广灵	家雀儿 tɕiɑ⁵³tɕʰiʌur³¹	茅所 mʌu³¹suo⁰	桌子 tsuo⁵³zə⁰

	16 菜刀	17 父亲叙称	18 母亲叙称
介休	刀儿 tɔr⁴⁵	爹 tiɛ⁴⁵ 老子 lɔo⁴²tsʌʔ⁰ 爸 pa⁴⁵	妈 ma⁴⁵
平遥	刀儿 tɔ³¹zʌʔ⁰ 缓读 刀儿 tɔr¹³ 急读	爹 tiɛ²¹³ 老子 lɔ⁵¹tsʌʔ⁰	妈 mã²¹³
祁县	刀儿 tʋɔ²³əɭ⁰	爹 tir³¹ 老子 lʋɔ³¹tsəʔ⁰ 爸爸 pa⁴⁵pa⁵³	妈 mə̃i³¹
寿阳	菜刀 tsʰai⁴⁵tɔo³¹ 刀 tɔo³¹	咱大 tsa²²ta³¹ 我大 ŋəʔ⁵⁴ta³¹	妈妈 ma³¹ma⁰ 我妈 ŋəʔ⁵⁴ma²²
太谷	刀儿 tɑu³³ər⁰	老子 lɑu³¹tsəʔ⁰	妈 mɒ³³
小店	刀儿 tɔo¹¹æ⁰	爹 tiɛ¹¹	妈 ma¹¹
文水	刀儿 tau²²ər⁰	爹 ta²²	妈 ma²²
孝义	刀儿 tɐor⁴⁵⁴	大 ta³³	妈 mã³³

	16 菜刀	17 父亲叙称	18 母亲叙称
方山	切刀 tɕʰiɛʔ²tou²⁴	爹 tia²⁴	妈 ma²⁴
交口	刀儿 taor³²³	大 ta⁴⁴	妈 mã⁴⁴
柳林	刀 tou²⁴	爹 tia⁴⁴	妈 ma⁵³
临县	切刀 tɕʰiɐʔ³¹tɔu²⁴	爹 tia²⁴	妈 ma²⁴
离石	刀儿 tour²⁴	老子 lou³¹tsəʔ⁰	妈 ma⁵³
石楼	刀 tɔo²¹³	爸 pa⁵¹	妈 mɛi⁵¹
中阳	刀 tɔo²⁴	爹 tia³³	妈 ma³³
蒲县	刀子 tau⁵²tsʅ³¹	爸 pa⁵²	妈 ma⁵²
隰县	刀儿 taor⁵³	老子 lao²¹tsəʔ⁰	娘 n̠iɛ²⁴
长治市城区	刀 tɑo³¹²	爹 tiɛ³¹²	娘 n̠ia³¹²
平顺	菜刀 tsʰɛe¹³tɔ²²	爸爸 pa⁵³pa⁰	□ 1 n̠ia²¹³
沁水县端氏镇	刀 tɔ²¹	大 tɒ²⁴	妈 mɒ²¹
沁县	刀 tɔo²²⁴	大 ta²²⁴	娘 n̠iɔ³³
沁源	刀 tɔo³²⁴	大 ta³²⁴	娘 ŋuə³³
屯留	刀 tɔo³¹	□ 1 爹 mɛɛ²⁴tie³¹ □ 1 爸 mɛɛ²⁴pa³¹	□ 1 娘 mɛɛ²⁴n̠ia³¹ □ 1 妈 mɛɛ²⁴ma³¹
襄垣	切菜刀 tɕʰiʌʔ³tsʰEI⁵³tɔo³³ 刀 tɔo³³	爹 tie³³	娘 n̠ia³¹ 娘 n̠iɒ³¹
长子	刀 tɔ³¹²	爸 pa³¹²	妈 ma³¹²
陵川	刀 tɔo³³	大大 ta³³ta²⁴ 爸爸 pa²⁴pa⁰	妈 ma³³
保德	切刀 tɕʰiəʔ⁴təu²¹³	大 tʌ²¹³ 老子 ləu²¹tsəʔ⁰	妈 mʌ²¹³
定襄	切刀 tɕʰiəʔ¹təu²⁴	爹 tie²⁴ 阿大 ia²⁴ta⁵³	阿婆 ia²⁴puə⁴² 婆 puə²⁴

续表

	16 菜刀	17 父亲叙称	18 母亲叙称
繁峙	切刀 tɕʰiaʔ¹³tao⁰	爹 tiɛ⁵³	娘 ȵiɔ³¹
河曲	切刀 tɕʰiɛʔ⁴tɔu²¹³	大 ta⁵²	妈 ma²¹³
岢岚	切刀 tɕʰiɛʔ⁴tau¹³	大 ta¹³ 爸爸 pa⁵²pa⁰	妈 ma¹³
灵丘	切菜刀 tɕʰiʌʔ³²tsʰɛɛ²⁴tɔo⁴⁴²	俺爹 næ⁰tiɛ⁴⁴²	俺娘 næ⁰niɒ³¹
宁武	切刀 tɕʰiəʔ⁴tɔo²¹³	大大 tʌ²³tʌ⁰	妈 mʌ²³
偏关	切刀 tɕʰiɛʔ⁴tɔo²¹³ 菜刀 tsʰei⁵²tɔo²⁴	大 ta⁴⁴ 老子 lɔo²¹³tsəʔ⁰	妈 ma²⁴
神池	切菜刀子 tɕʰiʌʔ⁴tsʰɛ⁵²tɔo²⁴tsəʔ⁰	老子 lɔo¹³tsəʔ⁰	妈 mʌ²⁴
五寨	切菜刀子 tɕʰiɛʔ⁴tsʰei⁵²tau¹³tsəʔ⁰	大 taʔ⁴	妈 ma¹³
忻府	菜刀 tsʰæe⁵³tɔo³¹ 切刀 tɕʰiɛʔ³²tɔo³¹³	大 ta⁵³	婆 pɛ³¹
阳曲	切菜刀 tɕʰiɛʔ⁴tsʰai⁴⁵tɔo³¹ 刀儿 tɔo³¹²ai⁰	大 ta³¹²	妈 ma³¹²
新荣	切菜刀 tɕʰiaʔ⁴tsʰɛɛ²⁴tɔu³²	爹 tiE³²	妈 mʌ³²
大同县	切菜刀 tɕʰiaʔ⁴tsʰɛi²⁴tau²¹	我爹 vɔʔ⁴tiɛ²¹	我妈 vɔʔ⁴ma²¹
怀仁	切菜刀 tɕʰiaʔ⁴tsʰɛɛ²⁴tɔu⁴²	爹 tiɛ⁴²	妈 ma⁴²
昔阳	刀 tɔo⁴²	俺爹 ŋæ̃⁵⁵tiE³³ 咱爹 tsæ̃³³tiE⁴²	俺妈 ŋæ̃⁵⁵ma³³ 咱妈 tsæ̃³³ma⁴²
左云	菜刀 tsʰɛi²⁴tɔu³¹	大大 ta³²tʌ⁰ 爹 tiɛ³¹	妈 ma³¹
洪洞县 赵城镇	厨刀儿 tʂʰu²²taor⁰	爸 pa²¹	默 mɛ²⁴
尧都	菜刀 tsʰai⁴⁴tau²¹	爸 pa²⁴	妈 mʌ²⁴
翼城	刀 tɔo⁵³	老爸 lɔo⁴⁴pʌ⁵³	老妈 lɔo⁴⁴mʌ⁵³

	16 菜刀	17 父亲叙称	18 母亲叙称
侯马	菜刀 tsʰae⁵³tɑu⁰	大 ta²¹³	妈 ma⁵³
稷山	刀 tɑu⁵³	爹 tia⁵³	妈 ma⁵³
万荣	刀 tau⁵¹	爹 tia²¹³ 爸 pa²¹³	嬷 mɤ⁵⁵ 妈 ma²¹³
新绛	切菜刀 tɕʰie⁵³tsʰaɛ⁵³tao³¹	爸 pa⁵³	妈 ma⁵³
垣曲	刀 tau⁵³	爹 tia⁵³	娘 n̠yo²² 妈 ma⁵³
临猗	刀 tɑu⁴² 切菜刀 tɕʰiɛ⁴²tsʰai⁴⁴tɑu⁴²	爸 pa¹³	妈 ma¹³
芮城	刀 tau⁴²	爹 tia¹³	娘 n̠iaŋ¹³
乡宁	刀 tau⁵³	爹 tia²¹ 爸 pa²¹	妈 ma²¹
广灵	菜刀 tsʰɛɛ²¹tʌu⁵³	爹 tiɤ⁵³	娘 n̠iɔ³¹

	19 伯父称呼，统称	20 伯母称呼，统称	21 叔父称呼，统称
介休	伯伯 piʌʔ¹¹piʌʔ⁴⁵	娘娘 n̠iɛ¹¹n̠iɛ⁴⁵	叔叔 suʌʔ¹¹suʌʔ⁴⁵
平遥	大爷 tei²⁴iɛ³¹	大娘 ta²⁴n̠iɑ̃³¹	老˵老 lɔ⁵¹lɔ¹³
祁县	大爷 ta⁴⁵iɤ⁵³	大娘 ta⁴⁵n̠ia⁵³	伯伯 pæɛ³¹pæɛ¹⁴
寿阳	大爷 tɤɯ⁴⁵iɤ²²	大娘 tɤɯ⁴⁵n̠iɒ²²	伯伯 pai³¹pai⁰
太谷	大爷 tɒ²⁴iɛ³³	大娘 tɒ²⁴n̠iɒ³³	伯伯 pɤʔ⁴²pai³³
小店	大爷 ta²⁴iɛ¹¹	大妈 ta²⁴ma¹¹	伯伯 pɛ⁵³pɛ⁰
文水	大爷 tii³⁵iˀi²²	大娘 tii³⁵n̠iu²²	老˵老 lau⁴²lau²²
孝义	伯伯 piaʔ³piaʔ⁴	大 tɛ⁴⁵⁴	老˵老 lao³³lao⁴⁵⁴
方山	伯伯 piɛʔ⁴piɛʔ⁰	大大 tɔ⁵²tɔ⁰	叔叔 suɔʔ⁴suɔʔ⁰
交口	伯伯 piɛʔ⁴piɛʔ⁰	大娘 tɔ³n̠i⁰	老˵老 lao³²lao²³
柳林	伯伯 piɛʔ⁴piɛʔ⁰	大大 tɔ⁵³tɔ⁰	叔叔 suɔʔ⁴suɔʔ⁰
临县	伯伯 piaʔ³piaʔ³¹	大娘 tɔ⁵²niɒ²⁴	叔叔 suɐʔ³suɐʔ³¹

续表

	19 伯父称呼,统称	20 伯母称呼,统称	21 叔父称呼,统称
离石	伯伯 pieʔ⁴pieʔ⁰	大大 tɔ⁵³tɔ⁰	叔叔 suəʔ⁴suəʔ⁰
石楼	伯伯 piəʔ⁴piəʔ⁰	大大 ta⁵¹ta⁰	叔叔 ʂuəʔ⁴ʂuəʔ⁰
中阳	伯伯 pieʔ⁴pieʔ⁰	大大 tɔ⁵³tɔ⁰	老⁼老⁼lɔo⁴²³lɔo²⁴
蒲县	伯伯 pɛ⁵²pɛ³¹	妈妈 ma³¹ma³¹	叔叔 ʂu⁵²ʂu³¹
隰县	伯伯 piəʔ⁴piəʔ⁰	大大 ta⁴⁴ta⁰	叔叔 suəʔ⁴suəʔ⁰
长治市城区	大爹 ta²⁴tiɛ³¹²	大娘 ta²⁴n̠ia³¹²	爸爸 pa³¹pa⁵⁴
平顺	大爹 ta¹³tiɛ²²	大娘 ta¹³n̠iaŋ²²	小爸 ɕiɔ⁵³pa²²
沁水县端氏镇	伯伯 paʔ²⁴paʔ⁰	娘娘 n̠iɑŋ²⁴n̠iɑŋ⁰	叔叔 suəʔ⁵⁴suəʔ⁰
沁县	大爷 ta⁵⁵iɛ⁰	大娘 ta⁵⁵n̠iɔ⁰	叔叔 suəʔ²³suəʔ³¹
沁源	伯伯 piəʔ²³piəʔ³¹	姆姆 mu³²mu³²⁴	叔叔 ʂuəʔ²³ʂuəʔ³¹
屯留	大爹 ta²⁴tie³¹	大娘 ta²⁴n̠ia³¹	小爹 ɕiɔo⁴⁴tie¹¹
襄垣	老伯 lɔo⁴²piʌʔ³ 大爹 ta⁴⁵tie³³	婶婶 səŋ⁴²səŋ⁴⁴ 大娘 ta⁴⁵n̠iʋ³¹	老⁼老⁼lɔo⁴⁴lɔo⁴⁴
长子	老大 lɔ⁴³ta³¹²	老娘 lɔ⁴³n̠ia³¹²	小爸 ɕiɔ⁴³pa³¹²
陵川	伯伯 piʌʔ³piʌʔ³	母母 mu³³mu⁰	叔叔 ʂuəʔ³ʂuəʔ³
保德	大爹 tʌ⁵²tiɛ²¹³①	大妈 tʌ⁵²mʌ²¹³ 无统称	二爹 ər⁵²tiɛ²¹³ 无统称
定襄	伯伯 piəʔ¹piəʔ⁰	大娘 tɔ⁵³niɔ¹¹	叔叔 səʔ¹səʔ⁰
繁峙	大爷 ta²⁴iɛ⁰	大娘 ta²⁴n̠iɔ⁰	叔叔 suəʔ¹suəʔ¹³
河曲	爹 tiɛ²¹³	妈 ma²¹³	爹 tiɛ²¹³
岢岚	大爹 ta⁵²tiɛ¹³	大妈 ta⁵²ma¹³	叔叔 ʂuəʔ²⁴ʂuəʔ⁰
灵丘	大伯 tʌ⁵³pɛe⁰	大娘 tʌ²⁴niʋ³¹	叔叔 seiu⁴⁴²seiu⁰

① 无统称,按伯父或叔父排行称其为"~爹"。

续表

	19 伯父称呼, 统称	20 伯母称呼, 统称	21 叔父称呼, 统称
宁武	大爷 tʌ⁵²iɛ⁰ 大老子 tʌ⁵²lɔ²¹³tsə?⁰	大妈 tʌ⁵²mʌ²³	二大 ɤ⁵²tʌ²³ 叔叔 suə?⁴suə?⁰
偏关	大爹 ta⁵²tiɛ²⁴	大妈 ta⁵²ma²⁴	二爹 ər⁵²tiɛ²⁴
神池	爹 tiɛ³²①	妈 mʌ²⁴②	大 tʌ³²③
五寨	爹 tiæ¹³	妈 ma¹³	爹 tiæ¹³
忻府	伯伯 pia?³²pia?⁰	大大 tɛ⁵³tɛ³¹ 大娘 tɛ⁵³niɛ²¹	叔叔 suə?³²suə?⁰ 叔叔 suə?³²sua⁰
阳曲	佬⁼佬 lɔɔ⁵³lɔɔ⁰	妈妈 ma⁴⁵ma⁰	老⁼老 lɔɔ⁵³lɔɔ⁰
新荣	老爹 lou⁵⁴tiɛ³²	老妈 lou⁵⁴mʌ³²	叔叔 ʂiəu³²ʂiəu⁰
大同县	老爹 lau⁵⁵tiɛ²¹	老妈 lau⁵⁵ma²¹	叔叔 ʂɤu²¹ʂɤu⁰
怀仁	大爷 ta²⁴iɛ⁰	大妈 ta²⁴ma⁰	叔叔 sɤu⁴²sɤu⁰
昔阳	大爷 ta¹³iɛ³³	大娘 ta¹³niɔu³³	握⁼握 vʌ?⁴³vʌ?⁰
左云	大爹 ta²⁴tia?⁰	大妈 ta²⁴ma?⁰	叔叔 səu³²səu⁰④
洪洞县赵城镇	伯伯 pɛ⁴⁴pɛ⁰	姐 tɕia²⁴	爸爸 pa²¹pa⁰
尧都	大爸 ta⁴⁴pa²⁴	大妈 ta⁴⁴ma⁰	爸爸儿 pa⁴⁴pɐr⁵³
翼城	大爸 ta¹²pʌ⁵³	大妈 tʌ¹²mʌ⁵³	叔叔 sou⁵³sou⁰
侯马	伯伯 pei⁵³pei⁰	娘 ȵiaŋ²¹³ 大妈 tʰɤ⁵³ma⁵³	叔叔 ʂu⁴⁴ʂu⁰ 爸爸 pa⁵³pa⁰
稷山	大爹 tʰɤ⁴²tia⁵³	大妈 tʰɤ⁴²ma⁵³	爸爸 pa¹³pa⁰
万荣	大爸 tʰɤ³³pa²¹³ 爸 pa²¹³	亲嬢 tɕʰiei⁵³mɤ⁵⁵ 大 ta³³	叔 səu²¹³

① 按排行称呼，如大爹、二爹。

② 按排行称呼，如大妈、二妈。

③ 按排行称呼，如三大。

④ 也按排行称为"二爹 ər²⁴tia?⁰""三爹 sæ³²tia?⁰"。

	19 伯父称呼，统称	20 伯母称呼，统称	21 叔父称呼，统称
新绛	大爸 tʰɤ⁵³pɑ³¹	大妈 tʰɤ⁵³mɑ³¹	叔叔 səu⁴⁴səu⁰
垣曲	伯伯 pai³⁵pai³¹	母母 mu⁵³mu³¹	叔叔 sou³⁵sou⁵³
临猗	大伯 ta⁴⁴pei¹³ 伯 pei¹³	大妈 ta⁴⁴ma¹³ 嬷 mo⁴² 本家 大大 ta⁴⁴ta⁰ 无血缘关系	叔 səu¹³
芮城	伯 pei¹³	大娘 ta⁴⁴ȵiaŋ¹³	叔 səu¹³
乡宁	伯伯 pia⁵³pia⁰	大娘 tʰɤ²²ȵiɤ¹²	爸爸 pa²²pa⁰
广灵	大伯 tɑ²¹pɛe⁰	大娘 tɑ²¹³ȵiɔ⁰	叔叔 sɤu⁵³sɤu⁰

	22 叔母称呼，统称	23 爷爷称呼，最通用的	24 奶奶称呼，最通用的
介休	婶婶 ʂəŋ⁵³ʂəŋ¹³	爷 iɛ¹³	娘 ȵia⁴⁵
平遥	婶婶 ʂəŋ⁵¹ʂəŋ¹³	爷爷 iɛ²²iɛ¹³	娘娘 ȵia³¹ȵia¹³
祁县	婶婶 ʂɔ̃³¹ʂɔ̃¹⁴	爷爷 iɚ²³iɚ³¹	娘娘 ȵia²³ȵia³¹
寿阳	婶婶 sə̃⁵³sə̃⁰	爷爷 iɚ²²iɚ⁰	娘娘 ȵiɒ²²ȵiɒ⁰
太谷	婶婶 səʔ⁴²sə³³	爷爷 iɛ³³iɛ³³	娘娘 ȵiɒʔ³ȵiɒ³³
小店	婶婶 səŋ⁵³səŋ⁰	爷爷 iɛ¹¹iɛ⁰	奶奶 nɛ⁵³nɛ⁰
文水	婶婶 soŋ⁴²soŋ²²	爷爷 i²²i³⁵	娘娘 ȵiaŋ²²ȵiaŋ³⁵
孝义	婶婶 ʂə̃³¹ʂə̃¹¹	爷爷 ia³³ia⁴⁵⁴	巴⁼巴⁼ pa³³pa¹¹
方山	婶子 ʂə̃ŋ³¹tsəʔ⁰ 婶婶 sə̃ŋ³¹sə̃ŋ²⁴	爷爷 ia⁴⁴ia⁰	娘娘 niɔ⁴⁴niɔ⁰
交口	婶子 səŋ³²tsəʔ⁰	爷爷 ia⁴⁴ia⁰	婆婆 pʰə⁴⁴pʰə⁰
柳林	婶婶 sə̃³¹²tsəʔ⁰	爷爷 ia⁴⁴ia⁰	娘娘 niɔ⁴⁴niɔ⁰
临县	婶婶 ʂə̃³¹ʂə̃²⁴	爷爷 ia³³ia³¹	娘娘 niɒ³³niɒ³¹
离石	婶子 səŋ³¹tsəʔ⁰ 婶婶 səŋ³¹səŋ²⁴	爷爷 iɛ⁴⁴iɛ⁰	娘娘 niɔ⁴⁴niɔ⁰
石楼	婶子 ʂəŋ²¹tsəʔ⁰	爷爷 ia²¹ia⁵¹	婆婆 pʰua²¹pʰua⁵¹

	22 叔母称呼, 统称	23 爷爷称呼, 最通用的	24 奶奶称呼, 最通用的
中阳	婶婶 sə⁴²³sə²⁴	爷 ia⁵³	娘 nie⁵³
蒲县	婶子 ʂeĩ³¹tsʅ³¹	爷 ia²⁴	娘娘 n̠ie³¹n̠ie³³ 奶奶 nai³¹nai³¹
隰县	婶子 səŋ²¹tsəʔ⁰	爷爷 iɛ²⁴iɛ⁰	娘娘 n̠ie²⁴n̠ie⁰
长治市城区	新娘 ɕiŋ²⁴n̠ia³¹²	爷爷 iɛ²⁴iɛ⁰	奶奶 nai⁵⁵nai³¹²
平顺	婶婶 sɛ̃⁴³⁴sɛ̃⁰	爷爷 iɛ¹³iɛ⁰	奶奶 nɛɛ⁴³⁴nɛɛ⁰
沁水县端氏镇	婶婶 səŋ²⁴səŋ⁰	爷爷 ia²⁴ia⁰	婆婆 pʰa²⁴pʰa⁰
沁县	婶婶 sə⁵³sə²⁴	爷爷 iɛ³³iɛ³³	奶奶 nɛɛ⁵³nɛɛ³³
沁源	婶婶 sə⁵³sə²⁴	爷爷 iɛ³³iɛ³³	婆 pʰiɛ³³
屯留	三娘 sæ²⁴n̠ia³¹①	爷爷 ie¹¹ie⁴⁴	奶奶 nɛɛ⁴³nɛɛ⁰
襄垣	婶婶 səŋ⁴²səŋ⁴⁴	爷 ie³¹	奶奶 nɛɪ⁴⁴nɛɪ⁰
长子	婶婶 sɛ̃⁴⁴sɛ̃⁴³⁴	爷爷 iɛ⁴²iɛ⁵³	奶奶 nɛɛ⁴⁴nɛɛ⁴³⁴
陵川	婶婶 ʂəĩ³¹²ʂəĩ⁰ 亲妈 tɕʰiəĩ³³ma³³	老爹 lɔɔ³¹²tie³³	奶奶 næɛ³¹²næɛ⁰
保德	猴妈 xʌu⁴⁴mʌ²¹³②	爷爷 iɛ⁴⁴iɛ⁰	娘娘 niɔ⁴⁴niɔ⁰
定襄	婶子 ʂəŋ⁴²taʔ⁰	阿爷 ia²⁴ie⁴²	阿娘 ia²⁴niɔ¹¹
繁峙	婶婶 səŋ⁵³səŋ⁰	爷爷 iɛ³¹iɛ⁰	奶奶 nai⁵³nai⁰
河曲	妈 ma²¹³	爷爷 iɛ⁴⁴iɛ⁰	娘娘 niɒ⁴⁴niɒ⁰
岢岚	婶婶 səŋ²¹səŋ¹³	爷爷 iɛ⁴⁴iɛ⁰	娘娘 niɔ⁴⁴niɔ⁰ 奶奶 nɛi²¹nɛi¹³
灵丘	婶子 səŋ⁴⁴²ə⁰	爷爷 ie³¹ie⁰	奶奶 nɛɛ⁴⁴²nɛɛ⁰

① 按排行称呼, 排行最小为老四, 则称四娘, 以此类推。

② 无统称, 按伯父或叔父排行称伯母或叔母为 "猴妈"。

续表

	22 叔母称呼，统称	23 爷爷称呼，最通用的	24 奶奶称呼，最通用的
宁武	婶妈 ʂʉɯ³²mA²³	爷爷 iɛ³³iɛ⁰	奶奶 nɛɛ²¹nɛɛ²¹³
偏关	二妈 ər⁵²ma²⁴	爷爷 iɛ⁴⁴iɛ⁰	娘娘 niɒ⁴⁴niɒ⁰
神池	妈 mA²⁴①	爷爷 iɛ³³iɛ²¹	奶奶 nɛɛ¹¹nɛɛ³²
五寨	妈 ma¹³	爷爷 iæ⁴⁴iæ⁰	奶奶 niɒ⁴⁴niɒ⁰
忻府	婶啊 ʂəŋ³¹³ŋa⁰ 婶婶 ʂəŋ¹³ʂəŋ³¹	爷爷 iɛ¹³iɛ³¹ 爷爷 iɛ²¹ia³¹³	奶奶 næɛ¹³næɛ³¹ 娘娘 nie²¹nia³¹³
阳曲	妈妈 ma⁴⁵ma⁰	爷爷 i⁴³iɛ⁰	奶奶 nai⁵³nai⁰
新荣	婶婶 ʂʏɣ⁵⁴ʂʏɣ⁰	爷爷 iɛ³¹iɛ²⁴	奶奶 nɛɛ⁵⁴nɛɛ³²
大同县	婶婶 ʂəɣ⁵⁵ʂəɣ³¹	爷爷 iɛ³¹iɛ²⁴	奶奶 nɛi⁵⁵nɛi³¹
怀仁	婶子 səŋ⁵³zə?⁰	爷爷 iɛ³¹²iɛ²⁴	奶奶 nɛɛ⁴²nɛɛ⁰
昔阳	婶婶 ʂəŋ⁵⁵ʂəŋ⁰	爷爷 iɛ⁴²iɛ³³	奶奶 nɛɛ⁵⁵nɛɛ⁰
左云	二妈 ər²⁴ma?⁰②	爷爷 iɛ³²iɛ²⁴	奶奶 nɛi⁵⁴nɛi³¹
洪洞县 赵城镇	婶儿 ʂɚr³³	爷爷 ia²²ia⁰	娘娘 n̠io²²n̠io⁰
尧都	小妈 ɕiɑu⁵³ma⁰	爷 ia²⁴	娘 n̠yo²⁴
翼城	婶婶 ʂəŋ⁴⁴ʂəŋ⁴⁴	爷爷 iA⁴⁴iA⁴⁴	娘 n̠io¹²
侯马	婶婶 ʂəŋ²¹ʂəŋ²²	爷 ia²¹³	娘 n̠iɤ²¹³
稷山	婶婶 ʂɚ¹³ʂɚ⁴²	爷 ia¹³	娘 n̠ia¹³
万荣	婶 ʂei⁵⁵ 花婶 xua⁵³ʂei⁵⁵ 新婚的叔母	爷 ia²¹³	娘 n̠iɤ²¹³
新绛	小婶儿 ɕiao⁵³ʂɚr³¹	爷 ia¹³	娘 n̠iɤ¹³
垣曲	婶婶 ʂɚ⁵³ʂɚ³¹	爷爷 ia³⁵ia³¹	婆婆 pʰɤ³⁵pʰɤ³¹

---

① 按排行称呼，如三妈。

② 按排行称呼，如三妈。

	22 叔母称呼，统称	23 爷爷称呼，最通用的	24 奶奶称呼，最通用的
临猗	婶儿 ʂəˣr⁵³	爷 ia¹³	娘 n̠yo¹³
芮城	婶子 ʂeĩ⁵³tsʅ⁰	爷 ia¹³	娘 n̠yo¹³
乡宁	婶婶 ʂəŋ⁴⁴ʂəŋ⁰	爷 ia¹²	婆 pʰˣ¹²
广灵	娘 n̠iɔ³¹①	爷爷 iˣ³¹iˣ⁰	奶奶 nɛe⁴⁴nɛe⁰

	25 外祖父叙称	26 外祖母	27 头人的，统称
介休	简゠爷 tɕiɛ̃⁴²iɛ⁴⁵	婆婆 pæ̃⁵³pæ̃¹³②	的脑 tʌʔ³lɔɒ⁴²³④
平遥	简゠爷 tɕiɑ̃⁵¹iɛ¹³	婆婆 pæe⁵¹pæe¹³③	的脑 tʌʔ²¹lɔ⁵¹²
祁县	外爷 uəi⁴⁵iˣ⁵³	婆婆 puɯ²³puɯ³¹	的脑 təʔ²³lɔɒ³¹⁴
寿阳	姥爷 lɔɒ⁵³iˣ²²	姥娘 lɔɒ⁵³n̠iɒ²²	的脑 təʔ⁵⁴lɔɒ⁵³
太谷	外爷 vei²⁴ie³³	婆婆 pe³³pe³³	的脑 təʔ⁴²lɑɯ³¹²
小店	姥爷 lɔɒ⁵³ie¹¹	姥娘 lɔɒ⁵³n̠io¹¹	的脑 təʔ¹lɔɒ⁵³
文水	外爷 uei³⁵iˣ²²	婆婆 pii²²pii¹¹	的脑 təʔ²lau⁴²³
孝义	简゠儿 tɕiɐr³¹²	婆婆 pɛ⁴⁵pɛ³¹²	的脑 təʔ³nao³¹²
方山	姐゠爷 tɕiɛ³¹iɛ⁴⁴	婆婆 pʰuə⁴⁴pʰuə⁰	脑 nou⁴⁴
交口	姥爷 lao³²ia²³	姥娘 lao³²n̠iɛ²³	脑 nɑo⁴⁴
柳林	简 tɕie³¹²	简婆 tɕie³¹²pʰo⁴⁴	脑 nou⁴⁴
临县	姐 tɕie³¹²	婆婆 pʰu³³pʰu³¹ 姐゠婆 tɕie³¹pʰu³³	脑 nɔu³³
离石	简゠爷 tɕiæ³¹iɛ⁴⁴	简゠婆 tɕiæ³¹pʰuə⁴⁴	脑 nou⁴⁴
石楼	外爷 uei⁵¹ia⁰	外婆 uei⁵¹pʰuə⁰	脑 nɔo⁴⁴

---

① 按长幼排序，如二娘、三娘等。

② 婆，《集韵》：“蒲波切，平戈并。”《集韵·戈韵》：“婆，女老称。”

③ “婆婆”的叙称念［pei］，“外祖母”念［pæe］，但记为同一字。

④ “的脑”为“头”的分音词。

续表

	25 外祖父叙称	26 外祖母	27 头人的，统称
中阳	简⁼ tɕie⁴²³	简⁼婆 tɕie⁴²³pʰɤ³³	脑 nɔo³³
蒲县	姥爷 lau³³iɛ⁵²	姥姥 lau³¹lau³¹	的脑 təʔ³nau³³
隰县	外爷 uɛ⁴⁴iɛ⁰	婆婆 pʰɤ²⁴pʰɤ⁰	脑 nao²⁴
长治市城区	姥爷 lao⁵³iɛ⁵⁴	姥姥 lao⁵⁵lao³¹²	的脑 tiəʔ⁵nao⁴⁴
平顺	姥爷 lɔ⁵³iɛ²²	姥姥 lɔ⁴³⁴lɔ⁰	的脑 təʔ²²nɔ²²
沁水县端氏镇	外公 vɛɛ⁵³koŋ²¹	姥姥 lɔ²⁴lɔ⁰	圪脑 kəʔ⁵⁴nɔ³¹
沁县	姥爷 lɔo²⁴iɛ⁰	姥姥 lɔo⁵³lɔo²⁴	的脑 təʔ³nɔo²¹⁴
沁源	姥爷 lɔo³²iɛ³³	姥姥 lɔo³²lɔo²⁴	的脑 təʔ³nɔo³²
屯留	姥爷 lɔo⁴³iɛ⁴⁴	姥姥 lɔo⁴³lɔo⁰	圪脑 kəʔ⁵nɔɛ⁴³
襄垣	姥爷 lɔo⁴²iɛ³³	姥姥 lɔo⁴²lɔo⁴⁴	的脑 tʌʔ³nɔo⁴²
长子	外公 vei⁴⁴kuŋ⁰	姥姥 lɔ⁴⁴lɔ⁴³⁴	圪脑 kəʔ⁴⁴nɔ⁴³⁴ 头 tʰəu²⁴
陵川	外公 uei²⁴kuŋ³³	姥姥 lɔo³¹²lɔo⁰	圪脑 kəʔ³nɔo⁰
保德	老爷 ləu²¹iɛ⁴⁴	老娘 ləu²¹niɔ⁴⁴	头 tʰʌu⁴⁴
定襄	姥爷 lɔu⁴²ie¹¹	姥娘 lɔu⁴²niɔ¹¹ 阿姥 ia²⁴lɔu⁴²	头 tʰəu¹¹
繁峙	姥爷 lao⁵³iɛ⁰	姥娘 lao⁵³n̠iɔ⁰	脑袋 nao⁵³tai⁰
河曲	姥爷 lɔu²¹iɛ²¹³	姥娘 lɔu²¹niɒ²¹³	头 tʰɤu⁴⁴
岢岚	姥爷 lau²¹iɛ¹³	姥娘 lau²¹niɔ¹³	头 tʰəu⁴⁴
灵丘	姥爷 lɔo⁴⁴²ie⁰	姥姥 lɔo⁴⁴²lɔo⁰	头 tʰeiu³¹
宁武	姥爷 lɔo³²iɛ³³	姥娘 lɔo³²niɒ²³	头 tʰəu³³
偏关	姥爷 lɔo²¹iɛ⁴⁴	姥娘 lɔo²¹niɒ⁴⁴	头 tʰɤu⁴⁴ 脑袋 nɔo²¹tei⁵² 的脑 təʔ⁴lɔo²¹³
神池	姥爷 lɔo²¹iɛ³²	姥娘 lɔo²¹n̠iɒ³²	头 tʰəu³²

	25 外祖父 叙称	26 外祖母	27 头 人的，统称
五寨	姥爷 lau³¹iæ¹³	姥娘 lau³¹niŋ⁴⁴	头 tʰəu⁴⁴ 脑袋 nau³¹tei⁵² 的脑 təʔ⁴nau¹³
忻府	姥爷 lɔɔ³³iɛ³¹	姥姥 lɔɔ¹³lɔɔ³¹	的脑 təʔ³²lɔɔ³¹³ 脑袋 nɔɔ²¹tæe⁵³ 头 tʰəu²¹
阳曲	姥爷 lɔɔ⁵³iɛ⁴³	姥娘 lɔɔ⁵³n̠iɔ⁴³	的脑 təʔ⁴lɔɔ³¹² 骷髅 kʰu³¹²lei⁴³
新荣	姥爷 lɔu⁵⁴iɛ³²	姥姥 lɔu⁵⁴lɔu³²	头 tʰiəu³¹²
大同县	姥爷 lau⁵⁵iɛ³¹	姥姥 lau⁵⁵lau³¹	头 tʰɤu³¹²
怀仁	姥爷 lɔu⁵³iɛ⁰	姥姥 lɔu⁵³lɔu⁰	头 tʰɤu³¹²
昔阳	姥爷 lɔɔ⁵⁵iɛ³³	姥娘 lɔɔ⁵⁵niɔ̃³³	的脑 tiʌʔ⁴³nɔɔ⁵⁵
左云	老爷 lɔu⁵⁴iɛ³¹	姥姥 lɔu⁵⁴lɔu³¹	头 tʰəu³¹³
洪洞县 赵城镇	姥爷 lao³³ia⁰	姥娘 lao³³n̠io⁰	的脑 ti²²nao⁰
尧都	老爷 lau⁵³ia⁰	老娘 lau⁵³n̠yo⁰	□脑 tə̃²¹nau⁰
翼城	老爷 lɔɔ⁴⁴iʌ⁴⁴	老娘 lɔɔ⁴⁴n̠iɔ¹²	登ᵉ登ᵉ təŋ⁵³təŋ⁰
侯马	姥爷 lau²¹ia²²	姥娘 lau²¹n̠iɤ²²	□脑 teĩ⁵³tau⁰①
稷山	舅厦爷 tɕʰiəu⁴²ʂaⁱⁱia¹³	舅厦娘 tɕʰiəu⁴²ʂa⁰n̠iɤ¹³	的脑 ti⁵³nau⁰
万荣	舅舍爷 tɕʰiəu³³ʂa³³ia²¹³	舅舍娘 tɕʰiəu³³ʂa³³n̠iɤ²¹³	□脑 tei²¹³nau⁰
新绛	舅厦爷 tɕʰiəu⁵³ʂəŋ⁵³ia³¹	舅厦娘 tɕʰiəu⁵³ʂəŋ⁵³n̠iɤ³¹	的脑 tɛ̃¹³nao¹³
垣曲	姥爷 lau⁴⁴ia²²	姥姥 lau⁴⁴lau³¹	的脑 tʰi⁴⁴nau³¹
临猗	舅抱爷 tɕʰiəu⁴⁴pau⁴⁴ia¹³	舅抱娘 tɕʰiəu⁴⁴pau⁴⁴n̠yo¹³	的脑 teĩ¹³lau⁵³

---

① "脑"在此处读音特殊。

续表

	25 外祖父叙称	26 外祖母	27 头人的，统称
芮城	舅抱爷 tɕʰiəu⁴⁴pau⁴⁴ia¹³	舅抱娘 tɕʰiəu⁴⁴pau⁴⁴n̩yo¹³	头 tʰəu¹³ □脑 teĩ¹³lau⁵³
乡宁	舅爷 tɕʰiou²²ia⁰	舅婆 tɕʰiou²²pʰɤ⁰	的脑 ti²²nau⁴⁴
广灵	姥爷 lʌu⁴⁴iɤ⁰	姥姥 lʌu⁴⁴lʌu⁰	头 tʰɤu³¹

	28 饺子	29 馒头无馅的，统称	30 包子
介休	煮角儿 tsʮ⁴²tɕyar¹³ 扁食 piẽ⁴²ʂʌʔ¹²	馍馍 ma¹¹ma⁴⁵ 干粮 kæ¹¹n̩ia⁴⁵	包儿 pɔr⁴⁵
平遥	角儿 tɕyʌʔ²zʌʔ⁰ 缓读 角儿 tɕyʌr¹² 急读 扁食 piẽ⁵¹ʂʌʔ⁵²	馍馍 mei³¹mei¹³	包子 pɔ³¹tsʌʔ⁰
祁县	饺儿 tɕyɑʔ²³əl̩⁰ 扁食 piẽ³¹ʂəʔ²⁴	馍馍 mu²³mu³¹ 馒头 mə̃²³tʰɤu⁰①	包子 pʋɒ²³tsəʔ⁰
寿阳	扁食 pii²²səʔ⁵⁴ 水角子 suei⁵³tɕyɛʔ²təʔ⁰	馍馍 məɯ³¹məɯ⁰	包子 pɔɔ³¹təʔ⁰
太谷	肉角儿 zəɯ²⁴tɕiər³³	馍馍 me³³me³³	包子 pɑɯ³³tsəʔ⁰
小店	扁食 piæ⁵³səʔ¹	馍馍 məɯ¹¹məɯ⁰	包子 pɔɔ¹¹tsəʔ⁰
文水	煮角儿 tsəɸ⁴²tɕya²ər⁰ 扁食 piæĩ⁴²səʔ³⁵	馍馍 mii²²mii³⁵	包子 pau²²tsəʔ⁰
孝义	角儿 tɕyɐr³³	馍馍 mᴇ³³mᴇ⁴⁵⁴	包子 pao³³tsəʔ⁰
方山	扁食 piɛ²⁴ʂəʔ⁰	馍馍 muə⁴⁴muə⁰	包子 pou²⁴tsəʔ⁰
交口	扁食 piɑ̃²⁴ʂəʔ⁰	馍馍 mə⁴⁴mə⁰	包子 pɑɒ³²tsəʔ⁰
柳林	扁食 pie²⁴səʔ⁴²³	馍馍 mo⁴⁴mo⁰	包子 pou²⁴tsəʔ⁰
临县	扁食 pie²⁴ʂɐʔ³	馍馍 mu³³mu³¹	包子 puɤ²⁴tsɐʔ³
离石	扁食 pii²⁴səʔ⁰	馍馍 muə⁴⁴muə⁰	包儿 pour²⁴

————————

① 办丧事时用，形状比较大。

	28 饺子	29 馒头 无馅的、统称	30 包子
石楼	扁食 $piaŋ^{24}ʂəʔ^4$	馍馍 $mua^{44}muə^0$	包子 $pɔɔ^{24}tsəʔ^0$
中阳	扁食 $pie^{24}sə^2ʔ^{312}$	馍馍 $mɤ^{33}mɤ^0$	包子 $pɔɔ^{24}tsəʔ^0$
蒲县	饺子 $tɕiau^{31}tsʅ^0$	馍馍 $mo^{31}mo^{33}$	包子 $pau^{52}tsʅ^0$
隰县	扁食 $piaŋ^{21}səʔ^0$	馍馍 $mɤ^{24}mɤ^0$	包子 $paо^{53}tsəʔ^0$
长治市 城区	饺子 $tɕiaо^{55}təʔ^{35}$	馍馍 $mə^{31}mə^{55}$	包子 $paо^{31}təʔ^{12}$
平顺	扁食 $piæ^{53}ɕiəʔ^{22}$	蒸馍 $tsəŋ^{213}mo^{22}$	包子 $pɔ^{213}lə^0$
沁水县 端氏镇	扁食 $pei^{24}səʔ^0$	馍馍 $ma^{24}ma^0$	包 $pɔ^{21}$
沁县	扁食 $pei^{24}səʔ^{31}$	馍馍 $mɤ^{33}mɤ^0$	包子 $pɔɔ^{24}ləʔ^0$
沁源	扁食 $piæ^{32}ʂəʔ^0$	馍子 $miɛ^{324}tsəʔ^0$ 馍馍 $miɛ^{24}miɛ^0$	包子 $pɔɔ^{324}tsəʔ^0$
屯留	饺子 $tɕiɔɔ^{43}təʔ^1$	馍馍 $muɤ^{31}muɤ^{44}$	包子 $pɔɔ^{31}təʔ^1$
襄垣	煮角 $tsu^{42}tɕiʌʔ^3$	馍馍 $mʌʔ^3mʌʔ^3$	包 $pɔɔ^{33}$
长子	饺子 $tɕiɔ^{43}təʔ^0$	馍馍 $mə^{42}mə^{53}$	包子 $pɔ^{31}təʔ^0$
陵川	扁食 $piɔi^{31}ɕiəʔ^3$	蒸馍 $tʂəŋ^{24}mo^0$	包 po^{33}
保德	扁食 $piaŋ^{21}ʂəʔ^4$ 角子 $tɕyʌ^{44}tsəʔ^0$	馍馍 $mɤ^{24}mɤ^0$	包子 $pəu^{24}tsəʔ^0$
定襄	煮饺子 $tsu^{24}tɕiəʔ^1taʔ^0$	馍馍 $mua^{24}mua^{42}$	包子 $pəu^{24}taʔ^0$
繁峙	角角儿 $tɕia^{213}tɕiɚ^0$ 扁食 $piɛ^{53}səʔ^0$	馒头 $mɛ^{31}tʰəu^0$ 馍馍 $mə^1ʔmə^{13}$	包子 $paо^{53}ə^0$
河曲	扁食 $piɛ^{21}ʂəʔ^4$	馍馍 $mɤ^{213}mɤ^0$	包子 $pəu^{213}tsəʔ^4$
岢岚	角子 $tɕiɛʔ^4tsəʔ^0$ 饺子 $tɕiau^{21}tsəʔ^0$	蒸馍 $tʂəŋ^{13}mɤ^0$	包子 $pau^{13}tsəʔ^0$
灵丘	饺子 $tɕiɔɔ^{24}ə^0$	蒸馍 $tsəŋ^{442}mue^{31}$	包子 $pɔɔ^{442}ə^0$
宁武	扁食 $piɛ^{21}səʔ^0$ 角子 $tɕiʌʔ^4tsəʔ^0$	馍馍 $mɒ^{23}mɒ^0$	包子 $pɔɔ^{23}tsəʔ^0$

续表

	28 饺子	29 馒头无馅的, 统称	30 包子
偏关	扁食 pir²¹³ʂə?⁴ 饺子 tɕiɔɔ²¹³tsə?⁰	馒头 mæ⁴⁴tʰɤu⁰ 馍馍 mɤ²⁴mɤ⁰	包子 pɔɔ²⁴tsə?⁰
神池	扁食 pie²¹sə?⁴	馒头 mæ³²tʰɔu⁰① 馍馍 mɔ³²mɔ⁰②	包子 pɔɔ²⁴tsə?⁰
五寨	饺子 tɕiɛ?⁴tsə?⁰	馍馍 mɤ¹¹mɤ³³③ 刀剁圪蛋 tau¹³tuo⁵²kə?⁴tæ⁵² 长馒头	包子 pau¹³tsə?⁰
忻府	饺子 tɕiɔɔ³¹³zə?⁰ 角角 tɕiɛ?³²tɕiɛ?³² 扁食 piɛ̃³¹³ʂə?³²	馍馍 mɛ²¹mɛ²¹ 馒头 mã²¹tʰəu⁰	包子 pɔɔ³¹³zə?⁰
阳曲	扁食 piɛ²⁴sə?²¹²	蒸馍 tsə̃³¹²mɤ⁴³ 馍馍 mɤ⁴³mɤ⁰	包子 pɔɔ³¹²tsə?⁰
新荣	饺子 tɕiɔu⁵⁴tsə?⁰	馍馍 mo³²mo⁰	包子 pɔu³²tsə?⁰
大同县	饺子 tɕiau⁵⁵ʅə?⁰	馒头 mæ³¹²tʰɤu⁰ 馍馍 mo²¹mo⁰	包子 pau²¹ʅə?⁰
怀仁	饺子 tɕiɔu⁵³zə?⁰ 扁食 piæ⁵³sʅ⁰	馒头 mæ³¹²tʰɤu⁰ 馍馍 muɤ⁴²muɤ⁰	包子 pɔu⁴²zə?⁰
昔阳	扁食 piæ̃⁵⁵sʅ³³	馍馍 mə⁴²mə¹³	包 pɔɔ⁴²
左云	饺子 tɕiɔu⁵⁴tsə?⁰	馒头 mæ³¹³tʰəu⁰	包子 pɔu³²tsə?⁰
洪洞县 赵城镇	煮角儿 tʂu³³tior⁰ 扁食 piã³³sʅ⁰	馍馍 mo²²mo⁰	包子 pao²¹tsʅ⁰
尧都	饺子 tɕiau⁵³tsʅ⁰	馍 mo²⁴	包子 pau²¹tsʅ⁰
翼城	煮角 pfu⁴⁴tɕiʌ⁴⁴	馍 mo¹² 卷子 tɕyɛɪ⁴⁴ŋ⁰	包子 pɔɔ¹²ŋ⁰

① 刀切的, 长方形。

② 手揉的, 圆形。

③ 包括长的和圆的馒头。

	28 饺子	29 馒头无馅的，统称	30 包子
侯马	扁食 piæ²¹ʂʅ²² 饺子 tɕiau²¹tsʅ²²	馍馍 mɤ⁵³mɤ⁰	包子 pau⁴⁴tsʅ⁰
稷山	煮角子 pfu⁴⁴tɕiɤ⁴⁴tsʅ⁰	馍 mɤ¹³	包子 pau¹³tsʅ⁰
万荣	疙瘩 kɯ²¹³ta⁰ 饺子 tɕiau⁵⁵tuu⁰	馍 mɤ²¹³	包子 pau⁵¹tuu⁰
新绛	扁食 piã⁴⁴ʂʅ⁰	馍 muɤ¹³	包子 pao⁴⁴tsʅ⁰
垣曲	角角 tɕyo³⁵tɕyo⁰	馍馍 mɤ³⁵mɤ³¹	（包子）pau:³⁵
临猗	饺子 tɕiau⁵³təu⁰ 疙瘩 kɯ¹³ta⁴²	馍馍 mo¹³mo⁰	包子 pau⁴²təu⁰
芮城	饺子 tɕiau⁵³tsʅ⁰ 肉馅	馍馍 mo¹³mo⁰	包子 pau⁴²tsʅ⁰
乡宁	饺子 tɕiau¹²tsʅ⁰	馍 mɤ¹²	包子 pau⁵³tsʅ⁰
广灵	饺子 tɕiʌu⁴⁴zə⁰	馒头 mæ³¹tʰɤu⁰	包子 pʌu⁵³zə⁰

	31 学校	32 毛笔	33 蹲~下
介休	学堂 ɕiʌʔ³¹tʰæ̃¹³ 学房儿 ɕiʌʔ³¹xuər⁴⁵ 书房儿 sʅ¹¹xuər⁴⁵	毛笔 mɔo³³piʌʔ¹²	圪蹴 kʌʔ³tɕiəu¹³
平遥	学校 ɕiʌʔ⁵²ɕiɔ²⁴ 新 书房儿 sʅ³¹xuɤɤ⁵¹ 老	毛笔 mɔ²²piʌʔ¹² 生活 səŋ³¹xuʌʔ⁵² 老	圪蹴 kʌʔ⁵²tɕiəu²⁴
祁县	学堂 ɕiaʔ³²tʰɑ̃³¹ 书房里 suβ²³xu³¹lə²ʔ⁰	毛笔 mɔɔ²³piə²ʔ³²	圪蹴 kəʔ³²tɕiɤu²⁴ 蹲 təm³¹
寿阳	学校 ɕieʔ⁵⁴ɕiɔo⁴⁵	毛笔 mɔo²²piə²ʔ²	圪蹴 kəʔ⁵⁴tɕiəu²²
太谷	学堂 ɕiaʔ⁴²tʰɒ³³	毛笔 mɑɯ³³piaʔ³	圪蹴 kəʔ³tɕiəu³³
小店	学校 ɕiəʔ⁵⁴ɕiɔo²⁴	毛笔 mɔo¹¹piaʔ¹	圪蹴 kəʔ⁵⁴tɕiəu¹¹
文水	学校 ɕiaʔ³¹ɕiau³⁵	毛笔 mau²²piəʔ¹	圪蹴 kəʔ³¹tɕiəu²²
孝义	学校 ɕiaʔ⁴²ɕiao⁴⁵⁴ 书房儿 su³³xuer⁴⁵⁴	毛笔 mao³³piəʔ¹ 生活 sɔ̃³³xuəʔ⁴	圪蹴 kəʔ³tɕiou³³

续表

	31 学校	32 毛笔	33 蹲～下
方山	学校 ɕiɛʔ²ɕiou⁵²	毛笔 mou⁴⁴piɛʔ⁴ 生活 sən²⁴xuəʔ⁰	圪蹴 kəʔ²tɕiəɯ²⁴
交口	学校 ɕieʔ⁴ɕiɑo⁰	毛笔 mɑo⁴⁴pieʔ⁴	圪蹴 kəʔ⁴tɕiou³²³
柳林	学校 ɕieʔ⁴²³ɕiou⁵³	毛笔 mou⁴⁴pie⁴⁴	圪蹴 kəʔ⁴²³tɕiɛ²⁴
临县	学校 ɕiɛʔ³¹ɕiou⁵²	毛笔 muɤ³³piɛʔ³	圪蹴 kɐʔ³¹tɕiəɯ²⁴
离石	学校 ɕieʔ²³ɕiou⁵³	毛笔 mou⁴⁴pieʔ⁴ 生活 sən²⁴xuəʔ⁰	圪蹴 kəʔ²tɕiʌu²⁴
石楼	学校 ɕyəʔ⁴ɕiɔo⁵¹	毛笔 mɔo⁴⁴piəʔ⁴	圪蹴 kəʔ⁴tɕiou²¹³
中阳	学堂 ɕieʔ³¹²tʰɒ⁵³	毛笔 mɔo³³pieʔ⁴	圪蹴 kəʔ³¹²tɕiʌ²⁴
蒲县	学堂 ɕyɛʔ³tʰɑŋ³³	毛笔 mau²⁴pi⁵²	圪蹴 kəʔ⁴³tɕiou²⁴
隰县	学校 ɕiəʔ³ɕiɑo⁴⁴	毛笔 mɑo²⁴piəʔ³	圪蹴 kəʔ³tɕiou⁵³
长治市 城区	书房 su³¹faŋ²⁴	毛笔 mɑo²²piəʔ⁵	圪蹴 kəʔ⁵tsuei⁴⁴
平顺	书房 su²¹³faŋ²²	毛笔 mɔ¹³piəʔ²²	圪蹴 kəʔ²²tsuei²²
沁水县 端氏镇	书房 su²¹faŋ²⁴	毛笔 mɔ²⁴piəʔ⁰	圪蹴 kəʔ²²tsai²¹
沁县	书房 su²⁴fɔ⁰	毛笔 mɔo³³piæʔ³¹	圪蹴 kəʔ⁵³tɕy²²⁴
沁源	书房儿 ʂu³²⁴fər⁰	毛笔 mɔo³³piəʔ³	圪蹴 kəʔ³¹tɕiəu³²⁴
屯留	书房 su³¹faŋ⁴⁴ 学校 ɕyəʔ⁵ɕiɔo¹¹	毛笔 mɔo¹¹piəʔ⁴	圪蹴 kəʔ⁵tɕiəu³¹
襄垣	书房 su³³fɒ⁴⁴	毛笔 mɔo³¹piʌʔ³	圪蹴 kʌʔ³tɕiəu³³
长子	学校 ɕyəʔ²¹ɕiɔ⁴²²	毛笔 mɔ²²piəʔ⁴⁴	圪蹴 kəʔ⁴⁴tɕiəu⁴³⁴
陵川	书房 ʂu³³fɒŋ⁵³	毛笔 mɔo⁵³piəʔ³	蹴 tʂuei³³
保德	学校 ɕiəʔ⁴ɕiəu⁵²	毛笔 məu⁴⁴piəʔ⁴	圪蹴 kəʔ⁴tɕiʌu²¹³
定襄	学校 ɕiəʔ¹ɕiou⁵³ 书房儿 su²⁴fuər⁵³	毛笔 mɔu¹¹piəʔ¹	圪蹴 kəʔ¹tɕiəu²⁴
繁峙	学校 ɕya ʔ³¹ɕiɑo²⁴	毛笔 mɑo²⁴piəʔ⁰	圪蹴 kəʔ¹³tɕiəu⁰

续表

	31 学校	32 毛笔	33 蹲~下
河曲	学校 ɕyɛʔ³⁴ɕiou⁵²	毛笔 mɔu⁴⁴piəʔ⁴	圪蹴 kəʔ⁴tɕiɤɯ²¹³
岢岚	学校 ɕyɛʔ⁴ɕiau⁵²	毛笔 mɑu⁴⁴piɛʔ⁴	圪蹴 kəʔ⁴tɕiu¹³
灵丘	学校 ɕyʌʔ³²ɕiɔ⁵³	毛笔 mɔo²⁴piəʔ³²	圪蹴 kəʔ³²tɕieiu⁴⁴²
宁武	学校 ɕyʌʔ⁴ɕiɔ⁵²	毛笔 mɔo³³piəʔ⁴	圪蹴 kəʔ⁴tɕiəu²³
偏关	书房 ʂu²⁴fɒ⁴⁴ 学校 ɕiɛʔ⁴ɕiɔ⁵²	毛笔 mɔo⁴⁴piəʔ⁴	圪蹴 kəʔ⁴tɕiɤɯ²⁴
神池	学校 ɕiʌʔ⁴ɕiɔ⁵²	毛笔 mɔo³²piəʔ⁴	圪蹴 kəʔ⁴tɕiəu²⁴
五寨	学校 ɕyɛʔ⁴ɕiau⁵² 学堂 ɕyɛʔ⁴tʰɒ⁴⁴	毛笔 mɑu⁴⁴piəʔ⁴	圪蹴 kəʔ⁴tɕiəu¹³
忻府	学校 ɕiɛʔ³²ɕiɔ⁵³	毛笔 mɔo²¹piəʔ³²	圪蹴 kəʔ³²tɕiəu³¹³
阳曲	书房 su³¹²fɔ⁴³ 学堂 ɕiɛʔ²¹²tʰɔ⁴³	毛笔 mɔo⁴³piɛʔ⁴	圪蹴 kəʔ⁴tɕiei⁴³
新荣	小坊 ɕiɔu³²fɔ⁵⁴ 学校 ɕyaʔ⁴ɕiɔu²⁴	毛笔 mɔu³¹²piaʔ⁰	圪蹴 kəʔ⁴tɕiəu³² 蹲 tuɤɣ³²
大同县	学校 ɕyaʔ⁴ɕiau²⁴ 私塾坊 sʅ²¹ʂu²¹fɔ⁵⁵	毛笔 mɑu³¹piəʔ⁰	圪蹴 kəʔ⁴tɕiɤɯ²¹
怀仁	学校 ɕyaʔ⁴ɕiɔu²⁴	毛笔 mɔu³¹²piəʔ⁴	圪蹴 kəʔ⁴tɕiɤɯ⁴²
昔阳	学房 ɕiɔo³³fɔu³³	毛笔 mɔo³³piʌʔ⁴³	圪蹴 kʌʔ⁴³tɕiəu⁴²
左云	学校 ɕyaʔ⁴⁴ɕiɔu²⁴ 书坊 su³²fɒ⁵⁴	毛笔 mɔu³¹³piəʔ⁴⁴	圪蹴 kəʔ⁴⁴tɕiəu³¹
洪洞县赵城镇	园儿里 yɐr²⁴li⁰ 学校 ɕio²²ɕiɑo⁰	毛笔 mɑo²²pi⁰	圪都 ˉkɤ²¹tu⁰
尧都	学里 ɕyo²¹li⁰	毛笔 mɑu²⁴pi²¹	圪蹴 kuɯ²¹tɕiou⁴⁴
翼城	书院 fu¹²yɛr⁵³	生活 ʂəŋ¹²xuɤ⁵³ 毛笔 mɔo⁴⁴pei⁵³	蹲 tuŋ⁵³ 骨蹴 ku⁵³tɕiou⁰
侯马	学校 ɕiɤ²⁴ɕiau⁵³	毛笔 mɑu²⁴pi⁵³	猴 xou²¹³ 蹲 tueĩ²¹³

续表

	31 学校	32 毛笔	33 蹲 ~ 下
稷山	学校 ɕiɤ¹³ɕiau⁴²	毛笔 mau¹³pi⁵³	猴 xəu¹³
万荣	书房 fu⁵³faŋ²¹³ 学校 ɕiɤ²¹ɕiau³³	毛笔 mau²⁴pei⁵¹	猴 xəu²¹³
新绛	学校 ɕiɤ¹³ɕiao⁵³	毛笔 mao¹³pi¹³	猴 xəu¹³
垣曲	学校 ɕyo³⁵ɕiau³¹	毛笔 mau²²pi⁵³	圪蹴 kɤ²²tɕiou³¹
临猗	书房 fu⁴²faŋ¹³ 学校 ɕyɛ¹³ɕiau⁴⁴	毛笔 mɑu¹³pi⁴²	猴 xəu¹³
芮城	书房 fu⁴²faŋ⁴² 学校 ɕyo¹³ɕiau⁴⁴	生活 səŋ⁴²xu⁰	蹴 tɕiəu⁴⁴
乡宁	学校 ɕiɤ¹²ɕiau⁰	毛笔 mau¹²pi⁵³	猴 xou¹²
广灵	学校 ɕyɤ³¹ɕiʌu²¹³	毛笔 mʌu³¹pei⁴⁴	圪蹴蹴 kə⁰tɕiʂu⁵³tɕiʂu⁰

	34 聊天	35 骂当面 ~ 人	36 我 ~ 姓王
介休	捣歇 tɔo⁴²ɕiʌʔ¹² 谝嘴 pʰiʌʔ²³tsuei⁴²³	喦 tsuæ̃¹³ 日喦 zʌʔ³¹tsuæ̃¹³	我 ŋiɛ⁴²³
平遥	捣歇歇 tɔ⁵¹ɕiʌʔ²¹ɕiʌʔ¹²	喦 tɕyɛ̃⁵¹²	我 ŋiɛ⁵¹²
祁县	捣歇 tʋɔ³¹ɕia²³	喦 tɕyɛ³¹⁴ 貪嘛 tsʰɒ⁴⁵tɕyaʔ³²	我 ŋɯ³¹⁴
寿阳	捣拉 tɔo⁵³la⁰ 捣歇 tɔo⁵³ɕiɛʔ²	喦 tɕyɪ⁵³	我 ŋəɯ⁵³
太谷	捣歇 tauu³¹ɕiaʔ³	喦 tɕyɛ̃¹³¹²	我 ŋie³¹²
小店	捣歇 tɔo⁵³ɕiəʔ¹	喦 tɕyæ⁵³	我 əɯ⁵³
文水	捣歇歇 tau⁴²ɕiaʔ²ɕiaʔ³⁵	骂 ma³⁵	我 ŋii⁴²³
孝义	捣歇 tao³¹ɕiaʔ¹	骂 ma⁴⁵⁴ 日责 zəʔ³tsa⁴	我 ŋE³¹²
方山	告诉 kou⁵²suəʔ⁰	喦 tɕyɛ³¹²	我 ŋɔ³¹²
交口	□ 2 瓜 = 儿 lia⁵³kuɐr⁰ □ 2 塔 = lia⁵³tʰaʔ⁰ 谝壳 = 子 pʰie²ʔ⁴kʰəʔ⁴tsəʔ⁰	喦 tɕyã³²³	我 ŋiɛ³²³

	34 聊天	35 骂当面~人	36 我~姓王
柳林	告诉 kou⁵³sə⁰ 拉沓 la⁵³tʰɑ⁰	嗋 tɕye³¹²	我 ŋɔ³¹²
临县	拉哒 la⁵²tʰaʔ³¹	嗋 tɕye³¹²	我 ŋɒ³¹²
离石	告诉 kou⁵³sʌu⁰	嗋 tɕiou³¹²	我 ŋa³¹²
石楼	谝喳 pʰiəʔ²tsʰʌʔ⁰	嗋 tɕyã³²³	我 ŋuə²¹³
中阳	□1 塔 ⁼liɑ⁵³tʰɑʔ⁰	嗋 tɕye⁴²³	我 ŋɤ⁴²³
蒲县	坐儿一坐儿 tsʰuər³³;³¹tsʰuər⁰	嗋 tɕyæ̃³¹	我 ŋuo⁵²
隰县	谝达 pʰiəʔ²tɑ⁰	嗋 tɕyaŋ²¹	我 ŋɤ²¹
长治市城区	说闲话 suəʔ⁵ɕiaŋ²²xua⁵⁴	骂 ma⁵⁴	我 uə⁵³⁵
平顺	访 ⁼古 faŋ⁴³⁴ku⁴³⁴	骂 ma⁵³	我 uɤ⁴³⁴
沁水县端氏镇	圪侃 kəʔ⁵⁴kʰæ³¹	嗋 kuei³¹ 骂 mɒ⁵³	我 vɒ³¹ □1 naŋ²⁴
沁县	拉话 la⁵³xua⁵³	嗋 tɕyæʔ³¹	我 vɤ²¹⁴
沁源	捣歇歇 tɔo³²ɕiʌʔ³ɕiʌʔ³¹	嗋 tɕyæ̃³²⁴	我 ŋiɛ³²⁴
屯留	□2 pəŋ³¹	骂 ma¹¹	我 uɤ⁴³ □1 mɛe³¹
襄垣	拉偏经儿 la³³pʰiei³³tɕiər⁴⁵ 说乏 ⁼话 suʌʔ³fʌʔ³xua⁴⁵	骂 ma⁴⁵ 日嘛 zʌʔ³tɕyʌʔ³	我 uə⁴²
长子	说淡话 suəʔ⁴⁴tæ⁴²xua⁵³	骂 ma⁵³	我 uə⁴³⁴
陵川	圪喷 kəʔ³pʰə̃ɿ³³	嘛 cyʌʔ²³	我 ua³¹²
保德	捣拉 təu²¹lʌ⁴⁴ 拉沓 ⁼lʌ⁵²tʰʌ⁰	嘛 tɕyɛ⁴⁴	我 ɤ²¹³
定襄	捣拉 tɔu⁴²la⁰	骂 ma⁵³	我 ŋɔ²⁴
繁峙	拉呱 la²⁴kuaʔ⁰ 拉搭 la²⁴taʔ⁰	日嘛 zəʔ³¹tɕyaʔ¹³ 飤嘛 tsʰɑo²⁴tɕyaʔ⁰	俺 nɛ⁵³ 我 vɤ⁵³

	34 聊天	35 骂 当面~人	36 我 ~姓王
河曲	捣拉 tɔu²¹la⁴⁴	骂 ma⁵²	我 vɤ²¹³
岢岚	告诉 kɑu⁵²ʂuəŋ⁰ 拉呱 la⁵²kua⁰ 谝拉 pʰiɛʔ⁴la⁰	骂 ma⁵²	我 vɤ¹³
灵丘	拉呱 lʌ³¹kuʌ⁰	骂 mʌ⁵³	我 ve⁴⁴² 俺 næ⁴⁴²
宁武	捣拉 ⁼tɔo²¹³lʌ⁰	骂 mʌ⁵² 日嘛 zəʔ⁴tɕyʌʔ⁴ 带脏话的骂	我 uo²¹³
偏关	捣拉 tɔo²¹la⁴⁴ 捣歇 tɔo²¹³ɕiəʔ⁴	骂 ma⁵² 日嘛 ʐəʔ⁴tɕyɛʔ⁴ 訬嘛 tsʰɔo⁵²tɕyɛʔ⁴	我 va²¹³
神池	捣拉 tɔo²¹lʌ²⁴	骂 mʌ⁵² 訬嘛 tsʰɔo⁵²tɕyʌʔ⁴ 日嘛 zəʔ⁴tɕyʌʔ⁴	我 vɔ¹³
五寨	捣拉 tɑu³¹laʔ⁰ 拉呱 la⁵²kuaʔ⁰	骂 ma⁵² 日嘛 zəʔ⁴tɕyɛʔ⁰	我 vɒ¹³
忻府	拉呱 la⁵³kuɑ³¹	骂 ma⁵³	我 ŋɛ³¹³ 俺 ŋɑ̃³¹³
阳曲	捣歇 tɔo³¹²ɕiɛʔ⁴ 捣拉 tɔo³¹²la⁰	骂 ma⁴⁵⁴	我 ŋɤ³¹² 俺 ŋɑ̃³¹²
新荣	呱达 kuʌ³²taʔ⁰ 拉呱 lʌ²⁴kuaʔ⁰	骂 mʌ²⁴	我 vo⁵⁴
大同县	呱啦 kua²¹laʔ⁰ 呱嗒 kua²¹taʔ⁰ 拉呱 la²⁴kuaʔ⁰	訬嘛 tsʰau²⁴tɕyaʔ⁰ 日嘛 ʐəʔ⁴tɕyaʔ⁰ 骂 ma²⁴	我 vɤ⁵⁵
怀仁	呱拉 kua⁴²la⁰ 拉呱 la²⁴kuaʔ⁰	骂 ma²⁴ 骂嘛 ma²⁴tɕyaʔ⁴	我 vɤ⁵³
昔阳	捣歇 tɔo⁵⁵ʂʌʔ⁴³	嗒卷 tɕyæ̃⁵⁵	俺 ŋæ̃⁵⁵ 我 uə⁵⁵

	34 聊天	35 骂当面~人	36 我~姓王
左云	呱嗒 kua³²taʔ⁰	骂 ma²⁴	我 vuo⁵⁴
洪洞县赵城镇	谝打 pʰɑi²¹ta⁰	噘 tɕyã⁴²	我 ŋʏ²⁴
尧都	说闲话儿 fo²¹ɕiæ̃²⁴xuɐr⁰	骂 ma⁴⁴	我 ŋo⁵³
翼城	闲说 ɕiɛɪ¹²fɤ⁵³	骂 mʌ⁵³ 日噘 ʐๅ¹²tɕyɤ⁵³ 噘 tɕyɤ⁵³	我 ŋʏ⁴⁴
侯马	说闲话 ɕyɛ⁵³ɕiæ̃²⁴xua⁵³	嗷 tɕʰyɛ²¹³ 骂 ma⁵³	我 ŋʏ⁴⁴
稷山	谝□ pʰiɛ⁴²tʂã⁴²	骂 ma⁴²	我 ŋʏ⁴⁴
万荣	闲谝 ɕiæ²¹pʰiæ⁵⁵ 谝 pʰiæ⁵⁵	噘 tɕyæ⁵⁵	我 ŋʏ⁵⁵
新绛	□1 □2 maɛ⁴⁴pʰaɛ³¹	骂 ma⁵³	我 ŋʏ⁴⁴
垣曲	聊天 liau²²tʰiæ⁵³	噘 tɕʰyɛ⁴⁴	我 ŋʏ⁴⁴
临猗	谝闲 pʰiæ̃⁵³xæ̃¹³ 旦‖闲 tæ⁴⁴xæ̃¹³	骂 ma⁴⁴ 噘 tɕyæ̃⁵³	我 ŋuo⁵³
芮城	谝谝 pʰiæ̃⁵³pʰiæ̃⁰ 拍拍 pʰai⁴²pʰai⁰	骂 ma⁴⁴	我 ŋuo⁵³
乡宁	说闲话 ɕyɛ⁵³ɕiæ¹²xua²²	噘 tɕyæ⁴⁴	我 ŋʏ⁴⁴
广灵	拉瞎话儿 la²¹ɕia⁵³xuɑr⁰ 拉嗒 la²¹³ta⁰	骂 mɑ²¹³	我 vo⁴⁴ 俺 næ⁴⁴

	37 你~也姓王	38 他~姓张	39 我们不包括听话人:你们别去, ~去
介休	你 n⁴²³	他 tʰa¹³ 兀（一个）uʌʔ³ia¹³	俺们 ŋʌʔ³¹məŋ⁰
平遥	你 n⁵¹² 自成音节	兀家 uʌ²²tɕia¹³	我们 ŋʌʔ⁵²məŋ⁰
祁县	你 n³¹⁴	他 tʰa³¹	俺们 ŋã³¹m⁰

续表

	37 你 ~也姓王	38 他 ~姓张	39 我们 不包括听话人: 你们别去，~去
寿阳	你 ŋ⁵³	他 tʰa³¹	我们 ŋəʔ⁵⁴məʔ⁰
太谷	你 n³¹²	他 tʰɒ³³	我们 ŋəʔ⁴²məʔ⁰
小店	你 n⁵³	他 tʰa¹¹	俺们 æ⁵³m⁰
文水	你 n⁴²³	他 tʰa²²	我们 ŋəʔ³¹məʔ⁰
孝义	你 ȵi³¹²	兀家 uəʔ³tɕia¹¹ 他 tʰa³³	俺们 ŋã³¹mã⁴⁵⁴
方山	你 ni³¹²	□ nɛe³¹²	我们 ŋɔ³¹mi²⁴
交口	你 ȵi³²³	兀 uə³²³ 他 tʰa³²³	我们 ŋa³²məŋ³²
柳林	你 ȵi³¹²	□ nɔ³¹²	我们 ŋɔ³¹²mi²⁴
临县	你 ni³¹²	他 tʰa²⁴ 乃 ⁼nɛe³¹²①	我们 ŋɒ³¹mi²⁴
离石	你 ŋ³¹²	（人家）niɛ³¹²	我们 ŋa³¹mŋ⁴⁴
石楼	你 ȵi²¹³	他 tʰa²¹³	我们 ŋa²¹məŋ⁰
中阳	你 ni⁴²³	□2 uɒ⁴²³	我们 ŋɤ⁴²³mie²⁴
蒲县	你 ȵi³¹	他 tʰa³¹	我些个⁼儿 ŋuo³¹ɕiɛ³¹kər⁰
隰县	你 ȵi²¹	他 tʰa⁵³	我们 ŋaŋ⁴⁴məŋ⁰
长治市城区	你 ȵi⁵³⁵	他 tʰa³¹²	我都 ⁼nəʔ⁵təu³¹² 我家 nəʔ⁵tɕiəʔ⁵
平顺	你 ȵi⁴³⁴	他 tʰa²¹³ 他 tʰəʔ²¹²	□2 都 tɕiəʔ²²təu²²
沁水县端氏镇	你 n³¹ □2 ȵiɛ²⁴	他 tʰa³¹	□1 都 naŋ²⁴tɔu²¹ □1 naŋ²⁴
沁县	你 ŋ²¹⁴	他 tʰa²²⁴	俺们 ŋæ²⁴mã³³

① 不单独作定语，如作定语需加"的"。

	37 你 ~ 也姓王	38 他 ~ 姓张	39 我们 不包括听话人：你们别去，~ 去
沁源	你 n̠i³²⁴	他 tʰa³²⁴	我们 ŋa³²mə̃⁰
屯留	你 n̠i⁴³	他 tʰa³¹ 那 ⁼nʌʔ⁵⁴	□ 1 都 mɛɛ³¹təu⁰
襄垣	你 n⁴²	他 tʰa³³	咩 ⁼ 都 mie³³təu³³
长子	你 n̠i⁴³⁴	他 tʰa³¹²	我都 ŋə²⁴təu⁵³
陵川	你 ni³¹²	他 tʰa³³ 又 他 tʰə³ʔ³ 又	□ 1 ue³¹² □ 1 都 ue³¹²təo³³
保德	你 ni²¹³	他 tʰA²¹³	我们 ʑ²¹məŋ⁴⁴
定襄	你 ni²⁴	他 tʰa²⁴	（我们）məŋ²⁴
繁峙	你 n̠i⁵³	尔 ər⁵³ 他 tʰa⁵³	俺们 nɛ⁵³məŋ⁰ 我们 vʑ⁵³məŋ⁰
河曲	你 ni²¹³	他 tʰa²¹³	我们 vʑ²¹mʑŋ⁰ □们 ma²¹mʑŋ⁰
岢岚	你 ni¹³	他 tʰa¹³	我们 vʑ²¹mə²ʔ⁰
灵丘	你 ni⁴⁴²	他 tʰA⁴⁴² 他老儿 tʰA⁴⁴²lər⁰	俺们 næ²⁴mə⁰
宁武	你 ni²¹³	他 tʰA²³	我们 uo²¹³mɯɯ⁰
偏关	你 ni²¹³	他 tʰa²⁴	（我们）vʑŋ²⁴
神池	你 n̠i¹³	他 tʰA²⁴	吾 ⁼vu¹³
五寨	你 ni¹³	他 tʰa¹³	我们 vɒ³¹mə²ʔ⁰
忻府	你 ni³¹³ 作主语、宾语 你 niɛ³¹³ 作定语	他 tʰa³¹³	他 tʰa³¹³
阳曲	你 ni³¹² 作主语、宾语 你 niɛ³¹² 作定语	他 tʰa³¹²	俺们 ŋã³¹²mə⁰
新荣	你 ni⁵⁴	他 tʰA³²	我们 vo⁵⁴mʑɣ⁰
大同县	你 ni⁵⁵	他 tʰa²¹	我们 vʑ⁵⁵məɣ⁰

	37 你~也姓王	38 他~姓张	39 我们不包括听话人：你们别去，~去
怀仁	你 ni⁵³	他 tʰa⁴²	我们 vɤ⁵³məʔ⁰
昔阳	你 ni⁵⁵	他 tʰa⁴²	俺们 ŋæ⁴²məŋ⁰
左云	你 ni⁵⁴	他 tʰa³¹	我们 vuo⁵⁴məɣ⁰
洪洞县赵城镇	你 n̠i²⁴	那 ⁼na²¹	我的 ŋɤ²⁴ti⁰
尧都	你 n̠i⁵³	他 tʰa²¹	（我家）ŋua⁵³
翼城	你 n̠i⁵³	他 tʰA⁵³	我们 ŋɤ⁴⁴məŋ⁰
侯马	你 n̠i⁴⁴	他 tʰa²¹³	我家 ŋɤ²¹tɕia²²
稷山	你 n̠i⁴⁴	他 tʰa⁵³	我家 ŋɤ⁴⁴a⁰
万荣	你 n̠i⁵⁵	他 tʰa⁵⁵（人家）n̠ia²¹³	我的 ŋɤ⁵¹ti⁰ 我 ŋɤ
新绛	你 n̠i⁵³	他 tʰa⁵³	我家 ŋɤ⁴⁴tɕia³¹ 我都 ŋɤ⁴⁴təu⁵³
垣曲	你 n̠i⁵³	他 tʰa⁵³	我都 ⁼ŋɤ⁴⁴tou³¹
临猗	你 n̠i⁵³	他 tʰa⁴²	我得 ⁼ŋuo¹³tei⁰
芮城	你 n̠i⁵³	他 tʰa⁴²	我的 ŋuo⁵³ti⁰
乡宁	你 n̠i⁴⁴	他 tʰa⁵³	我家 ŋɤ⁴⁴tɕia⁰
广灵	你 n̠i⁴⁴	他 tʰa⁵³	俺们 næ⁴⁴məŋ⁰

	40 你们~去	41 咱们包括听话人：他们不去，~去吧	42 他们~去
介休	你们 n̠i⁴²məŋ⁰	咱们 tsa¹¹məŋ⁰	兀（一个）们 uʌʔ³ia¹³məŋ⁰ 他们 tʰa¹¹məŋ⁰
平遥	（你家）们 n̠ĩɛ³¹məŋ⁰	咱们 tsʌʔ²¹məŋ⁰	兀家们 uə²²tɕia³¹məŋ⁰
祁县	（你家）们 n̠iɿ²³m⁰	咱们 tsã²³m⁰	他们 tʰã²³m⁰

	40 你们～去	41 咱们包括听话人: 他们不去，～去吧	42 他们～去
寿阳	你们 n,iɑʔ²mə̃⁰	咱们 tsa²²mə̃⁰ 咱 tsa²²	他们 tʰɑ³¹mə̃⁰
太谷	（你家）们 nie³³mə̃⁰	咱们 tsɒ³³mə̃⁰	他们 tʰɒ³³mə̃⁰
小店	（你家）们 nie¹¹m⁰	咱们 tsa⁵³m⁰	他们 tʰa¹¹m⁰
文水	你们 nʲiɑʔ²mə̃ʔ⁰	咱们 tsaʔ²mə̃ʔ⁰	他们 tʰaʔ²mə̃ʔ⁰
孝义	（你家）们 niɛ³³mə̃⁴⁵⁴	咱们 tsa³³mə̃⁴⁵⁴	兀家们 uəʔ³tɕia³³mə̃⁴⁵⁴ 他们 tʰa³³mə̃⁴⁵⁴
方山	（你家）nia²⁴	咱 tsʰa⁴⁴	兀家 uəʔ²tɕia²⁴
交口	（你家）们 nia³²məŋ³²	咱们 tsʰa⁴⁴məŋ⁰	兀些们 uəʔ⁴sa³²məŋ⁰
柳林	（你们）nia²⁴	咱们 tsʰa⁴⁴mi⁰	兀家 uəʔ⁴²³tɕia²⁴
临县	（你家）nia²⁴ 你们 nia²⁴mi³¹	咱们 tsʰa³³mi³¹	他们 tʰa²⁴mi³¹
离石	（你家）niɛ²⁴	咱 tsʰa⁴⁴	兀家 uəʔ²tɕia²⁴
石楼	乃们 nɛi²¹məŋ⁰	咱们 tsʰa⁴⁴məŋ⁰	兀□们 uəʔ⁴sɛi¹³məŋ⁰ 兀家们 uəʔ⁴tɕia¹³məŋ⁰
中阳	（你家）nia²⁴	咱 tsʰa³³	兀家 uəʔ³¹²tɕia²⁴
蒲县	你些 nʲi³¹ɕiɛ³¹	咱 tsa²⁴	他些 tʰa³¹ɕiɛ³¹
隰县	（你家）们 niɛ²¹məŋ⁰	咱们 tsa²⁴məŋ⁰	他们 tʰaʔ³məŋ⁰
长治市 城区	你都 ⁿn⁵⁵təu³¹² 你家 n⁵⁵tɕiəʔ⁵	咱都 ⁼tsaʔ⁵təu³¹² 咱家 tsəʔ⁵tɕiəʔ⁵	他都 ⁼tʰa²⁴təu³¹² 他家 tʰa³¹tɕiəʔ¹²
平顺	□3 都 niəʔ²²təu²²	咱都 tsa¹³təu²²	他都 tʰa²¹³təu²² 他都 tʰəʔ²²təu²²
沁水县 端氏镇	□2 都 niɛ²⁴təu²¹ □2 niɛ²⁴	咱都 tsɒ²⁴təu²¹ 咱 tsɒ²⁴	他都 tʰɒ²⁴təu²¹
沁县	你们 niɛ²⁴mə̃³³	咱们 tsa³³mə̃³³	他们 tʰa²⁴mə̃³³
沁源	（你家）们 nie³²⁴mə̃⁰	咱们 tsa³³mə̃⁰	他们 tʰa³²⁴mə̃⁰

续表

	40 你们~去	41 咱们包括听话人：他们不去，~去吧	42 他们~去
屯留	（你家）都 n̠ie³¹təu⁰	咱都 tsa²⁴təu³¹	他都 tʰa³¹təu⁰
襄垣	（你家）都 n̠ie³³təu³³	咱都 tsa⁵³təu³³	他都 tʰa³³təu³³
长子	（你家）都 n̠iɛ²⁴təu⁵³	咱都 tsa²²təu⁵³	他都 tʰa³¹təu⁵³
陵川	□2 ne³¹² □2 都 ⁼ne³¹tao³³	咱 tʂa³¹² 咱 ⁼tʂa³¹tao³³	□3 tʰe³³ □3 都 ⁼tʰe³³tao³³
保德	你们 ni²⁴məŋ⁴⁴	咱们 tsʌ⁴⁴məŋ⁰ 我们 ɤ²¹məŋ⁴⁴	他们 tʰʌ²⁴məŋ⁴⁴
定襄	□2 们 nie²⁴məŋ⁴²	咱们 tsæ²⁴məŋ⁴²	他们 tʰa²⁴məŋ⁴²
繁峙	你们 n̠i⁵³məŋ⁰	咱们 tsɛ³¹məŋ⁰	尔们 ər⁵³məŋ⁰ 他们 tʰa⁵³məŋ⁰
河曲	（你家）们 nie²¹³mɤŋ⁰	咱们 tsa⁴⁴mɤŋ⁰	他们 tʰa²¹³mɤŋ⁰
岢岚	你们 ni²¹məʔ⁰	咱们 tsa⁴⁴məʔ⁰	他们 tʰʌ⁴⁴məʔ⁰
灵丘	你们 ni⁴⁴²mə⁰	咱们 tsæ²⁴mə⁰	他们 tʰʌ⁴⁴²mə⁰
宁武	你们 ni²¹³mɤɯ⁰	咱们 tsa²³mɤɯ⁰	他们 tʰʌ²³mɤɯ⁰
偏关	（你们）niɤu²⁴	（咱们）tsɤɤ²⁴	（他们）tʰɤɤ²⁴
神池	（你们）n̠iəu¹³	咱 tsʌ¹³	他儿 tʰʌə³²
五寨	你们 ni³¹məʔ⁰	咱们 tsa³¹məʔ⁰	他们 tʰʌ¹³məʔ⁰
忻府	（你家）们 nie³¹³məŋ⁰	咱们 tsã²¹məŋ⁰	他们 tʰa³¹³məŋ⁰
阳曲	你们 n̠iɛ³¹²mə⁰	咱们 tsaʔ⁴mə⁰	（人家）们 n̠ia⁴³mə⁰
新荣	你们 ni⁵⁴mɤɣ⁰	咱们 tʂɔ⁵⁴mɤɣ⁰	他们 tʌ³²mɤɣ⁰
大同县	你们 ni⁵⁵məɣ⁰	咱们 tʂɔ⁵⁵məɣ⁰	他们 tʰa²¹məɣ⁰
怀仁	你们 ni⁵³məʔ⁰	咱们 tsaʔ⁴məʔ⁰	他们 tʰa⁴²məʔ⁰
昔阳	恁 nəŋ⁴²	咱 tsæ³³	他们 tʰa⁴²məŋ⁰
左云	你们 ni⁵⁴məɣ⁰	咱们 tsa⁵⁴məɣ⁰	他们 tʰa³²məɣ⁰ 他儿们 tʰɐr³²məɣ⁰ 尊称

	40 你们~去	41 咱们包括听话人：他们不去，~去吧	42 他们~去
洪洞县赵城镇	你的 n̠i²⁴ti⁰	咱 tsɑ²⁴	那⁼的 nɑ²¹ti⁰
尧都	（你家）n̠ia⁵³	咱 tsɑ²⁴	他家 tʰa²¹tɕia²¹
翼城	你们 n̠i⁴⁴mən⁰	咱们 tsA¹²mən⁵³	他们 tʰA¹²mən⁵³
侯马	你家 n̠i²¹tɕia²²	咱家 tsa²¹tɕia²²	他家 tʰa²¹tɕia²²
稷山	你家 n̠i⁴⁴a⁰	咱 tɕʰia¹³	他家 tʰa⁵³a⁰
万荣	你的 n̠i⁵¹ti⁰ 你 n̠i⁵¹	咱 tɕʰia²¹³ 咱的 tɕʰia²¹³ti⁰	他的 tʰa⁵¹ti⁰ 他 tʰa⁵¹
新绛	你家 n̠i⁴⁴tɕia⁵³ 你都 ⁼n̠i⁴⁴təu⁵³	咱家 tsã⁴⁴tɕia⁵³ 咱都⁼tsã⁴⁴təu⁵³	他家 ta⁴⁴tɕia³¹ 他都⁼tʰa⁴⁴təu⁵³
垣曲	你都⁼n̠i⁴⁴tou³¹	咱都⁼tsæ⁴⁴tou³¹	他都⁼tʰa⁴⁴tou³¹
临猗	你得⁼n̠i¹³tei⁰	咱得⁼tɕʰia¹³tei⁰	他得⁼tʰa¹³tei⁰
芮城	你的 n̠i⁵³ti⁰	咱的 tɕʰia¹³ti⁰	他的 tʰa¹³ti⁰
乡宁	（人家）家 n̠ia⁴⁴tɕia⁰ 你家 n̠i⁴⁴tɕia⁰	咱家 tsa¹²tɕia⁰	他家 tʰa⁵³tɕia⁰ 他们 tʰa⁵³mən⁰
广灵	你们 n̠i⁴⁴mən⁰	咱们 tsæ³¹mən⁰	他们 tʰa⁵³mən⁰

	43 别人这是~的	44 这个我要~，不要那个	45 那个我要这个，不要~
介休	人家 zəŋ³³tɕia¹³ 人那⁼zəŋ³³na¹³	这个 tʂiɛ⁴²xuai⁴⁵	兀个 uei⁴²xuai⁴⁵
平遥	别余人 piʌʔ²y⁵²¹³zəŋ³¹	这块 tsʌʔ⁵²xuæe²⁴	兀块 uəʔ⁵¹xuæe⁵¹
祁县	人娘⁼zɤ̃²³n̠ia³¹	这个 tʂəʔ³²xuæɛ⁴⁵	兀个 uəʔ²³xuæɛ³¹
寿阳	人家 zɤ̃²²tɕia²² 旁人 pʰɒo²²zɤ̃²²	这个 tsei⁴⁵kuəʔ² 这个 tsəʔ²kuəʔ²	那个 nei⁴⁵kuəʔ² 那个 nəʔ²kuəʔ²
太谷	人家 zɤ̃³³tɕia³³	这块 tsəʔ⁴²xuai³¹²	兀块 vəʔ³xuai³¹

	43 别人这是 ~ 的	44 这个我要 ~ ,不要那个	45 那个我要这个,不要 ~
小店	人家 $zən^{11}na^{11}$	这个 $tsəʔ^1kuɛ^{24}$ （这个）$tsɛ^{53}$	兀个 $vəʔ^1kuɛ^{24}$ （兀个）$vɛ^{53}$
文水	那 na^{22}	这个 $tsəʔ^{31}xuai^{35}$	兀个 $uəʔ^2xuai^{35}$
孝义	（人家）$za̠^{33}$	（这块）$tʂai^{312}$ 这一块 $tʂəʔ^3iə ʔ^3xuai^{454}$ 这块 $tʂəʔ^3xuai^{312}$	（兀块）uai^{312} 兀一块 $uəʔ^3iəʔ^3xuai^{454}$ 兀块 $uəʔ^3xuai^{312}$
方山	人家 $zə̃ŋ^{44}tɕia^0$	这个 $tʂəʔ^2kuəʔ^{23}$ （这一）个 $tʂɛɛ^{24}kuəʔ^0$	兀个 $uəʔ^2kuəʔ^{23}$ （兀一）个 $uɛɛ^{24}kuəʔ^0$
交口	人□ 3 $zəŋ^{44}ŋiɛ^0$	这一个 $tsəʔ^4ieʔ^0kuai^{323}$ 这一截 $tsəʔ^4ieʔ^0tɕʰiɛ^{323}$	兀一个 $uəʔ^4ieʔ^0kuai^{323}$
柳林	人家 $ə̃^{44}tɕia^0$	（这一）个 $tsɛɛ^{24}kuəʔ^0$	（兀一）个 $uɛɛ^{24}kuəʔ^0$
临县	人家 $zə̃^{33}tɕia^{24}$	这个 $tsɛ^3kuɐʔ^{24}$	那个 $nɐʔ^3kuɐʔ^{24}$
离石	人家 $əŋ^{44}ia^0$	这个 $tsəʔ^4kuəʔ^{23}$	（兀一）个 $uɛɛ^{24}kuəʔ^0$
石楼	其他人 $tɕʰi^{44}tʰa^{21}zəŋ^{44}$	（这一）个 $tʂei^{24}kuəʔ^0$	（那一）个 $nei^{24}kuəʔ^0$ 外个 $uei^{24}kuəʔ^0$ 兀个 $uəʔ^4kuəʔ^0$
中阳	人家 $ə̃^{33}tɕia^0$	（这一）个 $tsɛɛ^{24}kuəʔ^0$	（兀一）个 $uɛɛ^{24}kuəʔ^0$
蒲县	人家 $zʑɛĩ^{31}nai^{33}$	这个 $tʂɛĩ^{31}uai^{33}$	那个 $nx^{31}uai^{33}$
隰县	其他人 $tɕʰi^{24}tʰa^{53}zəŋ^{24}$	（这一）个 $tsei^{44}kuae^0$	（那一）个 $nei^{44}kuae^0$
长治市城区	旁人 $pʰaŋ^{24}iŋ^{44}$	（这一）个 $tsai^{53}kəʔ^5$	（那一）个 $ȵiai^{53}kəʔ^5$
平顺	他都 $tʰa^{213}təu^{22}$ 他都 $tʰə^{22}təu^{22}$	这个 $tsəʔ^{22}kʌʔ^{22}$	那个 $nəʔ^{22}kʌʔ^{22}$
沁水县端氏镇	别人 $pia ʔ^{54}zəŋ^0$	这个 $tei^{24}kɤ^0$	那个 $nei^{24}kɤ^0$
沁县	别人 $piə ʔ^{53}zə̃^{33}$	这（一个）$tsəʔ^{53}iɛ^{33}$	兀（一个）$vəʔ^{53}iɛ^{33}$

续表

	43 别人这是~的	44 这个我要~，不要那个	45 那个我要这个，不要~
沁源	（人家）nɪa³³	（这一）（一个）tʂei⁵³ie⁵³	兀（一个）vei⁵³ie⁵³
屯留	旁人 pʰaŋ¹¹iẽ¹¹	这个 tsɤ⁴³kəʔ⁴	（那一）个 nɪie⁴³kəʔ⁴
襄垣	旁人 pʰɒ³¹zəŋ³¹（你家）都 nɪa³¹təu³³	这个 tsʌ⁴³kʌʔ³	兀个 vei⁴⁵kʌʔ³
长子	旁人 pʰaŋ²²iẼ²⁴别人 piəʔ²¹iẼ²⁴	（这一）个 tɕiɛ⁴³kəʔ⁵³这个 tsəʔ⁴⁴kəʔ⁵³	（那一）个 nɪie⁴³kəʔ⁴⁴
陵川	旁人 pʰaŋ⁴⁴lɔ̃i⁵³	这个 tiəʔ³kʌʔ³	那个 niəʔ³kʌʔ³
保德	别人 piɛ⁴⁴zəŋ⁰	这个 tʂəʔ²kuaʔ⁴	那个 nʌ⁵²kuaʔ⁰
定襄	他 tʰa²⁴这些儿人 tʂʅ⁵³ɕiər²⁴zəŋ¹¹	这个 tʂʅ⁴⁴kuɛi⁰	（兀个）个 vei⁴⁴kuɛi⁰
繁峙	旁人 pʰɔ³¹zəŋ⁰	（这一）个 tsʅ²⁴kəʔ⁰	（那一）个 nei²⁴kəʔ⁰
河曲	人家 zɤŋ⁴⁴tɕiɛ⁰	这个 tsɛe²¹³kəʔ⁴	那个 na⁵²kəʔ⁴
岢岚	别人 piɛʔ⁴zəŋ⁴⁴	这个 tʂəʔ⁴kəʔ⁰	那个 na⁵²kəʔ⁰
灵丘	别人 pie³¹zəŋ⁰旁人 pʰɒ²⁴zəŋ⁰	这个 tsʅ²⁴kəʔ⁵	那个 nɛɛ³¹kəʔ⁵
宁武	别人 pie³³zɤɯ⁰	这个 tsʅ²¹³kɒ⁵²	那个 nɛɛ⁵²kɒ⁵²
偏关	别人 piɛ⁴⁴zɤŋ⁰	（这一）个 tʂei²⁴kiɛ⁵²	（那一）个 nei⁵²kiɛ⁵²
神池	人儿 zɔ̃²⁴人家 zɔ̃³²tɕiɛ⁰	这个 tsʅ²¹kɔ⁵²	那个 nɛɛ⁵²kɔ⁵²
五寨	别人 piæ⁴⁴zəɣ̃⁰	这个 tsei¹¹kɤ³³	那个 næ⁵²kɤ⁰
忻府	别人 piɛ²¹zəŋ²¹	这个 tsʅ²¹kuɛ⁵³	（兀一）个 vei⁵³kuɛ³¹
阳曲	人（人家）zɔ̃⁴³nɪa⁴³	这个 tsəʔ⁴kuai⁴⁵⁴	那个 nəʔ⁴kuai⁵⁴
新荣	旁人 pʰɔ³¹²zɤɣ⁰	（这一）个 tʂɛɛ²⁴kəʔ⁰	（那一）个 nɛɛ²⁴kəʔ⁰
大同县	旁人 pʰɔ³¹²zəɣ⁰人家 zəɣ³¹tɕiaʔ⁰人儿们 zɐr³¹²məɣ⁰	这个 tʂəʔ⁴kəʔ⁰	那个 nəʔ⁴kəʔ⁰

− 148 −

续表

	43 **别人**这是~的	44 **这个**我要~，不要那个	45 **那个**我要这个，不要~
怀仁	别人 piɛ³¹²zəŋ⁰	这个 tsʅ²⁴kəʔ⁴	那个 nɛɛ²⁴kəʔ⁴
昔阳	旁人 pʰɔu³³zəŋ³³	（这一）（一个）tɕi⁴²iɛ³³	那（一个）nɔu⁴²iɛ³³
左云	别人 piɛ³¹³zəɣ⁰ 人家 iəɣ³²tɕia⁵⁴	这个 tsʅ²⁴kəʔ⁰	那个 nɛi²⁴kəʔ⁰
洪洞县赵城镇	旁人 pʰɑ̃²²zeŋ⁰	这圪截 tʂʅ²²kɤ²¹tɕʰiɛ⁰	兀圪截 uɤ²²kɤ²¹tɕʰiɛ⁰
尧都	人家 zə̃²⁴na²¹	（这一）（一个）tɕei²¹iɛ²⁴	（兀一）（一个）uei²¹iɛ²⁴
翼城	旁人 pʰɔ⁴⁴zəŋ⁰	这个 tʂɤ⁵³kɤ⁰	那个 nʌ⁵³kɤ⁰
侯马	人家 zei⁵³tɕia⁰	这个 tʂae²⁴uae²¹³	兀个 uae²⁴uae²¹³
稷山	（人家）都 n̠ia¹³təu⁵³	这（一个）tsai⁴²iɛ⁰	兀（一个）u⁴²iɛ⁰
万荣	人家 zei²¹tɕia³³	这（一个）tʂei⁵¹iɛ⁰	兀（一个）uei⁵¹iɛ⁰
新绛	（人家）家 n̠ia⁵³tɕia³¹ （人家）都 ⁼n̠ia⁵³təu⁵³	（这一）个 tʂae⁴⁴kuaɛ⁴⁴ 新派读音 （这一）个 tʂae⁴⁴uaɛ⁴⁴ 老派读音	（那一）个 uaɛ¹³kuaɛ⁴⁴ 新派读音 （那一）个 uaɛ¹³uaɛ⁴⁴ 老派读音
垣曲	（人家）都 ⁼n̠ia⁴⁴tou³¹ 别人 pʰiɛ²²zə̃²²	这（一个）tsʅ⁴⁴iɛ³¹	兀（一个）u⁴⁴iɛ³¹
临猗	人家 zei¹³tɕia⁴²	这（一个）tʂei⁴²iɛ¹³	兀（一个）uei⁴²iɛ¹³
芮城	人家 zei¹³tɕia⁴²	（这个）tʂuo⁴²	（兀个）uo⁴²
乡宁	别人 pʰiɛ¹²zəŋ¹² 人家 zəŋ¹²tɕia⁰	（这个）tʂai²²	（兀个）uai²²
广灵	人 zʅ³¹①	这个 tsʅ²¹³kə⁰	那个 nɛɛ²¹³kə⁰

---

① 相当于"人家"。"人"只在表此义时读此音。

	46 现在	47 和这个 ~ 那个不一样	48 个一 ~ 人
介休	这阵儿 tʂei⁴²tʂə̃r⁴⁵	跟 kəŋ¹³ 同 tʰuŋ¹³	个 xuaiˑ⁴²³ 圪截 kʌʔ³¹tɕiʌʔ¹²
平遥	这阵阵 tsʌʔ⁵²tʂəŋ²⁴tʂəŋ³¹	和 xu⁵¹²	块 ⁼xuæe⁵¹²
祁县	这霎霎 tʂəʔ³²saʔ²³saʔ³² 这阵阵 tʂəʔ³²tʂɔ̃⁴⁵tʂɔ̃⁵³	和 xu³¹⁴	个 xuæɛ⁴⁵
寿阳	这阵儿 tsei³¹tsə̃⁴⁵ɐr⁰	和 xɔo²² 跟 kə̃³¹	个 kuəʔ²
太谷	这霎霎 tsəʔ⁴²səʔ³saʔ³ 这的 tsəʔ⁴²təʔ⁰ 这阵儿 tsəʔ⁴²tsə̃r⁵³	跟 kə̃³³	块 ⁼xuai³¹²
小店	这霎霎 tsəʔˈsɑ¹¹sɑ⁰	和 xo²⁴	个 kuɛ²⁴
文水	这会 tsəʔ²xueɪ⁴²³	和 xu⁴²³	个 xuai³⁵
孝义	这会儿 tʂəʔ³xuər⁴⁵⁴	跟 kə̃³³	块 ⁼xuai³¹²
方山	这儿会儿 tʂɐr²⁴xuɐr⁵² 而今 i⁴⁴tɕiə̃ŋ⁰	和 xuɛe⁵²	圪截 kəʔ⁴tɕʰiɛ⁰
交口	这阵儿 tsəʔ⁴tsər⁵³ 这一阵儿 tsei⁵³ieʔ⁴tsər⁵³	和 xai⁵³ 跟 kəŋ³²³	个 kuai³²³ 截 tɕʰiɛ³²³ 圪截 kəʔ⁴tɕʰiɛ⁰
柳林	如今 zu⁴⁴tɕi⁰	和 xuo⁴⁴	个 kuəʔ⁴²³
临县	这阵儿 tʂei³¹tʂər⁵²	和 xu³³	个 kuɐʔ³
离石	如今 zu⁴⁴tsʅ⁰	和 xou⁵³	个 kuəʔ²³
石楼	而今 iəʔ⁴tɕi²¹³	和 xei⁵¹	个 kuəʔ⁴ 圪截 kəʔ⁴tɕiəʔ⁴ 截 tɕiəʔ⁴
中阳	如今 ʐu³³tɕi⁰	和 xuɤ⁵³	个 kuəʔ³¹²
蒲县	这会儿 tʂəʔ³xuər⁵² 现在 ɕiæ³³tsai³³	跟 kei⁵²	个 uai³³
隰县	（这一）半儿 tsei²⁴pɐr⁰	跟 kəŋ⁵³	个 kuae²¹

续表

	46 现在	47 和这个~ 那个不一样	48 个一~人
长治市 城区	这会子 tsai³¹xuei²⁴tə⁷⁰	和 xuə²⁴ 跟 kən³¹²	个 kə⁷⁵³
平顺	这会儿 tɕiə⁷²²xuər²²	跟 kɛ̃²¹³ 和 xɤ¹³	个 kʌ⁷²¹²
沁水县 端氏镇	这会 tei²¹xuai²⁴	跟 kai²¹ 和 xɤ²⁴	（一个）iɛ⁵³
沁县	这阵 tɕi³³tsə̃⁵³	和 xuɤ²²⁴ 跟 kə̃²²⁴	个 vɛe⁵³
沁源	（这一）阵 tʂei⁵³tʂə̃³³	跟 kə̃³²⁴	个 vɛe⁵³
屯留	这会儿 tsɤ⁴³xuər⁴⁴	跟 kɛ̃¹¹	个 kə⁷⁵⁴
襄垣	这圪霎 tsʌ⁷⁴³kʌ⁷³sa⁰	跟 kən³³	个 kʌ⁷³
长子	现在 ɕiæ⁴⁴tseɛ⁰	和 xə²⁴	个 kə⁷⁴⁴
陵川	这会儿 tiə⁷³xuər³³	和 xuei²⁴	个 kʌ⁷³
保德	如今 u⁴⁴tɕiən²¹³	和 xuɑŋ⁵²	个 kuə⁷⁴
定襄	现在 ɕiɐ⁵³tsɛi⁵³ 这阵儿 tʂɿ̩⁵³tʂər¹¹	和 xuə¹¹	个 kuɛi⁵³
繁峙	这会儿 tsə⁷²¹³xuər⁰	跟 kən⁵³	个 kə⁷¹³
河曲	无 ＝今 vu⁴⁴tɕiŋ²¹³	和 xuɛe⁵²	个 kə⁷⁴
岢岚	这阵阵 tsɛi⁴⁴tʂəŋ⁵²tʂəŋ⁰	和 xæ⁵² 和 xuɤ⁴⁴	个 kə⁷⁴
灵丘	这会儿 tsə⁷⁵xuər⁰	和 xɛe⁵³ 跟 kən⁴⁴²	个 kə⁷⁵
宁武	这会儿 tsɿ⁵²xuɐ⁰	和 xɛe⁵²	个 kɒ⁵²
偏关	（这一）会儿 tʂei²⁴xuər⁵² （这一）阵 tʂei²⁴tʂɤŋ⁵²	和 xæ⁵²	个 kiɛ⁵²
神池	这会儿 tsə⁷⁴xuə⁵²	和 xɛe⁵²	个 kɔ⁵²

	46 现在	47 和这个~ 那个不一样	48 个一~人
五寨	（这一）阵阵 tsei¹³tsəɣ̃⁵²tsəɣ̃⁰	和 xæ⁵²	个 kɤ⁵²
忻府	这阵 tʂʅ⁵³tʂɐr³¹ 这会儿 tʂəʔ³²xuər³¹³	和 xuɛ²¹	个 kuɛ⁵³
阳曲	这阵阵 tsəʔ⁴tsə̃⁴⁵tsə̃⁰ 这季ᵘ子 tsəʔ⁴tɕi⁴⁵⁴tsəʔ⁰	和 xɔo⁴⁵⁴ 和 xuɣ⁴³	个 kɤ⁴⁵⁴ 新派读音 个 kuɣ⁴⁵⁴ 老派读音
新荣	这会儿 tʂəʔ⁴xuɐr⁵⁴ 现在 ɕiɛ²⁴tsɛe²⁴	和 xəʔ⁴	个 kəʔ⁴
大同县	这会儿 tʂəʔ⁴xuɐr²⁴ 眼前 iɛ⁵⁵tɕʰie³¹ 眼下 iɛ⁵⁵ɕia²⁴	跟 kəɣ²¹	个 kəʔ⁴
怀仁	这会儿 tsəʔ⁴xuɐr⁵³	和 xəʔ⁴	个 kəʔ⁴
昔阳	（这一）趟儿 tsei⁴²tʰə̃r³³	给 kei⁵⁵	个 kə¹³
左云	这会儿 tsəʔ⁴⁴xuɐr⁵⁴	和 xəʔ⁴⁴	个 kəʔ⁴⁴
洪洞县 赵城镇	这阵儿 tʂɤ⁴⁴tʂʰə̃r⁰	和 xo²⁴	个 uɑi⁵³
尧都	现在 ɕiæ̃⁴⁴tsɑi⁴⁴	和 xɤ²⁴	个 kɤ⁴⁴
翼城	这会儿 tʂɤ¹²xuə̃r⁵³	和 xuɣ¹² 跟 kəŋ⁵³	个 vɛe⁵³
侯马	这会儿 tʂae²⁴xuər⁵³	和 xɤ²¹³ 跟 keĩ²¹³	个 uae²¹³
稷山	一给ᵘi⁵³kei⁴²	和 xɤ¹³	个 kɤ⁴² 文读音 个 uai⁴² 白读音
万荣	人ᵘ给ᵘʐei²¹³kei⁰	和 xau²¹³ 跟 kei⁵¹	个 uai³³
新绛	（这一）会儿 tʂae³¹xuər⁵³	和 xɤ¹³	个 kuaɛ⁵³ 文读音 个 uaɛ⁵³ 白读音

续表

	46 现在	47 和这个～那个不一样	48 个一～人
垣曲	这会 tʂʅ^{31}xuei^{44}	和 xau^{22}	个 uai^{44}
临猗	寅卯 i^{13}mo^{0} 现在 ɕiæ̃^{44}tsai^{44}	和 xuo^{13} 还 xuæ̃^{13}	个 uai^{44} 又 个 kɤ^{44} 又
芮城	寅卯 ieĩ^{13}maŋ^{53}	和 xuo^{3}	个 kuo^{44}
乡宁	这个乎 tʂɤ^{22}kɤ^{0}xu^{53}	和 xau^{12}	个 uai^{22}
广灵	这会儿 tsɿ^{21}xuər^{0}	和 xʌu^{31}	个 kɤ^{213}

表 3-2　用字代码表

介休

代码	读音	意义	用例	备注
□	ku^{45}	老鼠	～儿	词汇第 12 条

文水

代码	读音	意义	用例	备注
□	kəɸ^{11}	老鼠	毛～儿	词汇第 12 条

方山

代码	读音	意义	用例	备注
□	nɛe^{312}	他	～姓张	词汇第 38 条

交口

代码	读音	意义	用例	备注
□ 1	ku^{23}	老鼠	老～	词汇第 12 条
□ 2	lia^{53}	聊天	～瓜$^{=}$儿、～塔$^{=}$	词汇第 34 条
□ 3	ŋiɛ^{323}	别人	人～	词汇第 43 条

柳林

代码	读音	意义	用例	备注
□	nɔ³¹²	他，第三人称代词	~姓张	词汇第 38 条

离石

代码	读音	意义	用例	备注
□	ku²⁴	老鼠	老~儿	词汇第 12 条

石楼

代码	读音	意义	用例	备注
□	sɛi¹³	他们	兀~们	词汇第 42 条

中阳

代码	读音	意义	用例	备注
□ 1	lia⁵³	聊天	~塔⁼	词汇第 34 条
□ 2	uɒ⁴²³	他，第三人称代词	~姓张	词汇第 38 条

平顺

代码	读音	意义	用例	备注
□ 1	ȵia²¹³	妈妈（称呼，最通用的）	~妈妈	词汇第 18 条
□ 2	tɕiəʔ²²	我	~都我们	词汇第 39 条
□ 3	ȵiəʔ²²	你	~都你们	词汇第 40 条

沁水县端氏镇

代码	读音	意义	用例	备注
□ 1	nɑŋ²⁴	我，我们	~姓王、~都	词汇第 36、39 条
□ 2	ȵiɛ²⁴	你，你们	~走吧、~都	词汇第 37、40 条

屯留

代码	读音	意义	用例	备注
□1	$m\varepsilon e^{31}$	我，我的	~爸	词汇第 17、18、36、39 条
□2	$p\partial\eta^{31}$	聊天	~大话	词汇第 34 条

陵川

代码	读音	意义	用例	备注
□1	ue^{312}	我们	~要去咧	词汇第 39 条
□2	ne^{312}	你	~妈	词汇第 40 条
□3	t^he^{33}	他们	~家到了	词汇第 42 条

定襄

代码	读音	意义	用例	备注
□1	ku^{24}	老鼠	~子	词汇第 12 条
□2	nie^{24}	你	~们你们	词汇第 40 条

河曲

代码	读音	意义	用例	备注
□	ma^{213}	我们	你们别去，~去 你们别去，我们去	词汇第 39 条

忻府

代码	读音	意义	用例	备注
□	$ku\partial^{21}$	单说，老鼠	~儿	词汇第 12 条

尧都

代码	读音	意义	用例	备注
□	$t\tilde{\partial}^{21}$	头	~脑头	词汇第 27 条

侯马

代码	读音	意义	用例	备注
□	teĩ⁵³	头	~脑	词汇第 27 条

稷山

代码	读音	意义	用例	备注
□	tʂɑ̃⁴²	聊天	谝~	词汇第 34 条

万荣

代码	读音	意义	用例	备注
□	tei²¹³	头	~脑	词汇第 27 条

新绛

代码	读音	意义	用例	备注
□1	maɛ⁴⁴	一般不单用，□1□2 连用表示聊天	~□2	词汇第 34 条
□2	pʰaɛ³¹		□1 ~	词汇第 34 条

芮城

代码	读音	意义	用例	备注
□	teĩ¹³	头	~脑	词汇第 27 条

乡宁

代码	读音	意义	用例	备注
□1	tʂau¹²	一般不单用，□1□2 连用表示向日葵	~□2	词汇第 11 条
□2	xuəŋ⁰		□1 ~	词汇第 11 条

| 第四章 |

晋方言与普通话的语法差异

晋方言语法与普通话语法有较强的一致性，但也有一些差异，学习普通话不能撇开语法而不顾。

一、子尾

子尾是指构成名词时在词根后面所加的后缀"子"，也就是说，它是名词性词语的构词语素。晋方言区大部分方言点有子尾，不过，子尾的读音与普通话有所不同，因此普通话学习者应注意读好子尾的韵母，不要带入声韵尾。

少数方言点子尾的读音与普通话相差很大，如忻州、五台、定襄等地把子尾的"子"读成"的"。例如：

普通话：袖子　凳子　勺子　一辈子

方　言：袖的　凳的　勺的　一辈的

这些方言点的普通话学习者说普通话时要注意将"的"改读为"子"。

有的方言点没有子尾，表达普通话子尾词对应的意义时，常常以名词性语素为基础，再加其他手段来表示，如重叠或加后缀"头"，如平定话用"桌桌"表示"桌子"，用"鼻头"表示"鼻子"。有的方言点构词时既不用子尾，也不用上面提到的手段，只用一个单音节词就能表示普通话子尾词的意义，如昔阳话用"盘"就能表示普通话中"盘子"的意思，用"盆"就能表示普通话中"盆子"的意思。

还有少部分方言点有"子变韵母"现象，即通过改变词根的基本韵母的读音来表示普通话子尾词的意义，如晋城话的"狮"读 shi，"狮子"则读成 shi:e；和顺话的"疤"读 bɑ，"疤子"则读 bɑ:。个别方言点还可以通过变调来表示子尾的语法意义，如晋城话的"梯"，单字读为中平调，表示"梯子"这一语义时则读为中升调。有的方言点更特殊，"子变韵母"和声调变化两种现象会结合在一起，如原平话的"桌"单字读 [tsuɔʔ4]，表示"桌子"时则读成 [tsuɔ:243]。

这些方言点的普通话学习者要注意词的结构与词义之间的对应关系，将相关名词改为相应的子尾式。

二、儿化和儿尾

儿化是指一个音节的韵母带上卷舌色彩的一种音变现象。晋方言区多数方言点有儿化音变，不过儿化韵的数量与普通话不太一致，读音与普通话也不尽相同：有的读成与普通话一样或类似的卷舌韵"儿"；有的则不卷舌，如文水话读为 [e]、平遥话读为 [zʌʔ]、清徐话读为 [ai]、宁武话读为 [ɐ] 等。这些方言点的普通话学习者可以根据本书第二章中关于儿化的内容，学习、练习普通话儿化韵的发音。

晋方言区某些方言点，如寿阳、文水、清徐、兴县、武乡等，方言中无儿化音变，却有儿尾存在。从读音上比较，儿化的特点是卷舌动作直接附着在前一音节的韵母上，与这个音节融合为一个音节；儿尾的特点是"儿"自成音节，没有与前一音节融为一体。在晋方言中，儿化与儿尾除了读音差异以外，在表义功能上是一致的。这些方言点的人在说普通话时应努力将儿尾读成儿化。

还有一种"儿"中缀，如山西平定话的"儿"，它不是像普通话那样附着在音节韵母之后，而是嵌入声母和韵母之间并与其合成一个音节。平定话中"儿"的读音为［ㄦ］（与跟在 zh、ch、sh、r 后面的 –i 相同），所以平定人在学习普通话儿化韵时要注意去掉中缀，发好儿化韵的卷舌音。

晋方言中，无论读成儿化还是儿尾，后缀"儿"大都是作为构词语素存在的，没有实在意义，仅表示这类名词具有一种细小或喜爱的附加意义，如"花儿、勺儿、头发丝儿"等。不过，个别方言点中读成儿化的词，"儿"另有其他的语法意义，如原平话中，表示容器、范围的名词儿化后主要表示"……里"的意义，如"盆儿"表示"盆子里"，"地儿"表示"地里"，这些方言点的人说普通话时要注意将这些儿化词转换成"名词＋里"的形式。

三、词缀

晋方言中常用的前缀有"圪、忽、日"等。"圪"可构成名词、动词、形容词、量词、拟声词，如"圪台台阶、圪搅搅、圪腻油腻、圪节节、圪吧形容物体毁坏时发出的断裂声"等。"忽"可构成动词和形容词，如"忽摇摇、忽颤颤形容长而薄的物体颤动的样子"等。"日"可构成形容词和动词，如"日怪怪异、日嗦骂"等。普通话中没有这些前缀，晋方言区的人说普通话时应去掉这些前缀，换成对应的规范形式。

晋方言中，除了"子、儿、头"等几个与普通话相同的名词性后缀以外，还有"鬼、货、猴"等几个具有贬义色彩的后缀，如"灰鬼、挨刀鬼（原平）、吊死鬼（太原）""妗主货、窝囊货（忻州）、赖货（原平）、鬼货（山阴）""灰猴行为不端的人、日粗猴吹牛皮的人（大同）"等。

晋方言中，动词性后缀主要有"达、掐、豁"等，它们在构词及用法上比较一致，都只能附在单音节动词后，使原动词增加"动量少、时量短"的意味，如"蹦达、跌达、吹达、谝达、溜达（大同、忻州、原平）""抠掐、剥掐、啃掐（忻州、原平）""晾豁、扇豁、洒豁、抖豁（忻州、原平、宁武）"等。

普通话中没有这些名词性或动词性后缀，这些方言点的人在说普通话时应该改掉这些带后缀的说法，使用相应的普通话词语。

四、重叠

晋方言中普遍存在双音节的重叠式名词，如"爪爪、蹄蹄、勺勺、刀刀、车车、眼眼、网网、盖盖、扣扣、刷刷"等，这些名词多具有"小称"意味。另有部分无"小称"意味的名词也以双音节重叠式存在，如"蛛蛛蜘蛛、甜甜—种食品、红红胭脂、面面粉状物"等。在此基础上，晋方言中还形成了"锅刷刷、裤衩衩、酒盅盅、油点点、金金纸、花花菜、对对眼、绵绵土"等大量三音节名词，它们都包含前一语素或后一语素的重叠形式。普通话中除部分亲属称谓外，少有这类重叠式名词。此外，晋方言中，中间嵌入"圪"或"不"所形成的重叠式形容词也很常见，如"脆圪生生、蓝圪盈盈、黑圪洞洞、茶不悖悖、白不荏荏"等。普通话中没有这些重叠形式，晋方言区的人在说普通话时也应该积极寻找相应的普通话说法。

五、代词

晋方言区多数方言点人称代词的表现形式及其表述的意义与普

通话不完全一致。以单数形式为例，普通话表示第一人称的"我"，晋方言中有"我（太原、平遥、大同、忻州、长治）、俺（和顺、离石）、俺家（晋城）、们（五台）、恩家（汾阳）"等多种说法；普通话表示第三人称的"他"，晋方言中有"他（太原、忻州、五台、长治）、兀家（清徐、祁县、平遥、孝义）、乃（离石、临县）、那家（汾阳）"等多种说法。其中，有的既能作主语，也能作定语，有的则只能作主语或定语。此外，同一人称代词在各地的音变形式也有明显差异。不过，因为人称代词使用频率极高，大多数人都知道普通话人称代词的正确用法，所以这里就不再一一列出方言形式。

晋方言中的指示代词有两大特点：一是近四分之一的方言点（主要分布在山西中北部）有指示代词三分现象，即在指称事物时有近指、中指和远指的分别，如阳曲话的"这儿（近指）""那儿（中指）""兀儿（远指）"。二是多数方言点指示代词依语境的不同而有变读现象，不同的读音表示不同的意义，具有不同的语法功能，如山阴话的"这"有五种读音，"那"有六种读音；原平话近指的"这"、远指的"兀"各有四种读音。因为指示代词"这、那、这儿、那儿、这里、那里、这样、那样"及"每、各、某、另"等，都是普通话中最常用的词语，大多数人都能掌握，因此这里不再列举方言中的变读形式，只是提醒普通话学习者一定要使用普通话的规范形式。

六、量词

晋方言中的量词与普通话中的量词相比有两方面的差别：一是晋方言量词与普通话量词适用范围不完全一样，二是晋方言有大量量词是普通话所没有的。例如：

普通话：一个人　三个碗　　一辆车子　　一座山　　一串葡萄

方　言：一块人　三外碗　　一挂车子　　一架山　　一嘟噜葡萄

普通话：一棵树　一把花生　一块毛巾　　一堆土　　一点儿盐

方　言：一苗树　一掬花生　一圪垯毛巾　一圪堆土　一圪撮盐

对于适用范围与普通话不同或普通话中没有的这些量词，普通话学习者应将其按照普通话量词的使用规范作相应调整。

七、副词

晋方言与普通话在副词方面的差异较大，下面除文字说明外，再列举一些较为典型的例句，以提醒大家注意用好普通话的副词。

表示程度的副词，普通话常用的"很、非常、十分、极、太、真"等，晋方言主要用"可""真个""真真""太太"等表示；普通话常用的"几乎、差点儿"等，晋方言主要用"差些儿""强些""险马""千马胡""差会儿"等表示；普通话常用的"最"，晋方言常用"数（读上声）"表示。在具体使用中，二者的句法结构亦有所不同。例如：

普通话：这饭真好吃。

方　言：这饭可好吃嘞。

　　　　这饭真个好吃嘞。

　　　　这饭真真好吃。

　　　　这饭好吃得太太。

普通话：差点儿睡着了。

方　言：强些睡着了。

　　　　险马睡着唠。

　　　　千马胡睡着了。

　　　　差会儿没睡着。

普通话：三个人里头，你最高。

方　言：三个人里头，数你高哩。

三个人里头，就数你高哩。

表示时间和频率的副词，普通话常用的有"已、已经、曾、曾经、刚、刚刚、才、正、在、正在、将、将要、就、就要、马上、立刻、顿时、终于、常、常常、时常、时时、往往、渐渐、早晚、从来、终于、一向、向来、从来、总是、始终、永、赶紧、仍然、还是、屡次、依然、重新、还、再、再三、偶尔"等。晋方言表示时间和频率的副词与普通话不一致，而且各地差异很大，这里列举几例来说明。

普通话：他马上就过来了。

方　言：他立马就过来啦。

他跟手儿就过来咧。

兀家马刻就来啦。

他一下下儿就到啦。

他一圪霎儿就过来啦。

他刁忙儿就来啦。

他紧等儿就到啦。

表示语气的副词，普通话常用的有"难道、究竟、偏偏、索性、简直、就、可、也许、难怪、大约、幸而、幸亏、反倒、反正、果然、居然、竟然、何尝、何必、明明、恰恰、未免、只好、不妨、正巧"等。晋方言中也有一些与普通话差异较大的语气副词。例如：

普通话：你难道不知道我在等你？

方　言：你咋就不知道我等你的咧？

你敢不知道我等你的咧？

你敢是不知道我等你的咧？

你敢其不知道我等你的咧？

普通话：正巧两个人都在。

方　言：可可儿两个人都在。

　　　　恰好好两个人都在。

　　　　可巧两个人都在。

　　　　可妙两个人都在。

　　　　恰恰两个人都在。

　　　　恰遇两个人都在。

　　　　刚美儿两个人都在。

另外，还有一些副词晋方言与普通话说法不同。例如：

普通话：说了一遍，又说了一遍。

方　言：说了一遍，再说了一遍。

　　　　说了一遍，可说了一遍。

普通话：你回去顺便帮我买本书。

方　言：你回去就住给我买上本书。

　　　　你回去顺价给我买上本书。

　　　　你回去就溜儿给我买本书。

普通话：不要叫那个人走了。

方　言：不敢叫那个人走了。

　　　　操心叫那个人走唠呀。

八、虚词和语序

（一）介词

晋方言中部分介词与普通话的说法不一致。例如：

普通话：把碗放到桌子上。

方　言：把碗放的桌子上。

　　　　把碗放哩桌子上。

普通话：我从太原来。

方　言：我赶太原来。

　　　　我解太原来。

　　　　我跟太原来。

　　　　我迎太原来。

　　　　我朝太原来。

普通话：朝天打了一枪。

方　言：面天打了一枪。

普通话：你往东走，他往西走。

方　言：你去东走，他去西走。

　　　　你和东走，他和西走。

　　　　你赶东走，他赶西走。

普通话：在这里吃饭吧。

方　言：搁这搭儿吃饭吧。

　　　　跟这儿吃饭吧。

普通话：咱们都被他骗了。

方　言：咱们都得他骗了。

（二）助词

有些助词，晋方言和普通话的说法不一样。例如：

普通话：他正吃着饭呢。

方　言：他正吃的饭咧。

　　　　他正吃饭的哩。

　　　　他正吃哩饭哩。

普通话：看了三天书了。

方　言：看唠三天书咧。

看哩三天书啦。

普通话：你走的时候叫上我。

方　言：你走去叫我着。

你走动叫上我。

你走动唠叫上我。

你走动价叫上我。

普通话：你要的话，我就送给你。

方　言：你要了了，我就送给你。

你要动了，我就送给你。

普通话：我去的时候你不在，你来的时候我不在。

方　言：我去时（音近"散"）你不在，你来时我不在。

我去咧时你不在，你来咧时我不在。

我去呀时你不在，你来呀时我不在。

我去呀些你不在，你来呀些我不在。

普通话：我知道的话还能不告诉你。

方　言：我知道时（音近"散"）还能不告诉你。

我知道呀时还能不告诉你。

（三）语序

在语序方面，普通话"害怕他"在山西中部方言中有说成"害他怕"的，普通话"不认得"在山西北部、东南部方言中有说成"认不得"的，这些问题在说普通话时都应注意。

九、补语

晋方言中的四类补语与普通话相比有所不同。

（一）程度补语

普通话表示程度加深时常在形容词或动词后加"得很""得厉害""极了""死了"等补语成分，这些成分在山西中部、北部方言中多用"得 + 不能 / 不行"来替代，有时也用"煞了"来替代普通话中"死了"的说法。例如：

普通话：他这个人骄傲得很。

他咳嗽得厉害。

美极了。/ 好看死了！

方　言：他这个人骄傲得不能 / 不行。/ 他这个人骄傲得不能能 /
不行行。

他咳嗽得不能。

好看煞啦！

（二）可能补语

表示具有某种可能性时，普通话常用"动词 + 得 + 补语"的结构，而晋方言区不少方言点则多用"动词 + 补语 + 了（表完成）"的结构。例如：

普通话：他拿得动这个箱子。

这个箱子他拿得动。

你拿得动拿不动这个箱子？——我拿得动。

这本书我看得懂。

方　言：他荷拿动了这块箱子咧。

这块箱子他荷拿动了。

你荷拿动荷不动这块箱子？——我荷拿动了咧。

这本书我看懂了咧。

（三）结果补语

表示某种动作对人或物造成轻微伤害时，普通话一般是在动词后加具体形容词作结果补语，晋方言里普遍用"动词＋住"或"动词＋着（一般读入声，且不轻读）"的结构。例如：

普通话：手被火烧疼了。

脚被冻麻了。

桌子腿把人碰疼了。

方　言：手叫火给烧住了。

脚板子给冻着了。

桌子腿把人碰着咧。

（四）趋向补语

动词后带趋向补语"来／去"时，晋方言普遍用"动词＋将＋来／去"的结构，而普通话中没有这一结构。例如：

普通话：请帮我把那本书拿来。

给他送去一百块钱。

你还没给他送书去？

我明白这个道理，但我说不来。

方　言：你给咱把兀本书拿将来。

给他送将去一百块钱。

你还没给他送将书去？

我知道这个道理，可就是说不将来。

十、比较句

晋方言的比较句与普通话比较句的差异主要体现在比较词上。例如：

普通话：他比你高。

方　　言：他赶你高。

　　　　　他匹你高。

普通话：一年比一年好。

方　　言：一年强一年。

　　　　　一年赶一年。

　　　　　一年胜一年。

否定形式也有差别。例如：

普通话：这个不如那个大。

　　　　　这个没那个大。

方　　言：这个不敌那个大。

　　　　　这个不胜那个大。

　　　　　这个没呐那个大。

　　　　　这个没啦那个大。

十一、疑问句

晋方言的疑问句与普通话疑问句有一定差异，具体表现在特指问、选择问、正反问三种句式上。

（一）特指问

晋方言的特指问句在结构上与普通话相同，都是用疑问代词提出疑问，要求针对疑问点作出回答。二者的差异主要表现在疑问代词的具体说法上。例如：

普通话：你是哪里人？

方　　言：你是甚地方人？ / 你哪哒人啦？

普通话：什么时候出发？

方　言：甚时候走呀？／几时出发？

普通话：你多大了？

方　言：你多来大啦？

普通话：你怎么去那里呢？

方　言：你咋（个）去那儿呀？

（二）选择问

晋方言的选择问句在结构上与普通话相同，都是用复句形式提出两项或几项，供对方选择一项来回答。但晋方言选择问句在口语中经常会省略各分句中的"是"，在语气词运用上也与普通话不同。例如：

普通话：是你写呢，还是我写呢？

方　言：你写呀，我写呀？／你写咧，我写咧？

（三）正反问

晋方言的正反问句与普通话大体相同，均由谓语的肯定和否定形式并列构成。例如：

普通话：你吃饭不吃饭？

　　　　你吃不吃饭？

方　言：你吃饭啊不吃饭？

　　　　你吃不吃饭哩？

普通话：这本书你看不看？

　　　　这本书你看没看？

方　言：这本书你看啊不（看）？

　　　　这本书你看来没看？

普通话：枣儿红了没有？

方　　言：枣儿红嘞没啦？

　　　　　枣儿红嘞没啦咧？

普通话：这个包袱重不重？

方　　言：这个包袱重哩不（重）？

值得注意的是，晋方言区多数方言点均没有与普通话对应的是非问句式，普通话的是非问在晋方言中往往说成正反问。例如：

普通话：你吃饭吗？

　　　　　你看这本书吗？

　　　　　枣儿红了吗？

　　　　　这个包袱重吗？

方　　言：你吃饭不？

　　　　　你看这本书呀不？

　　　　　枣儿红了没？

　　　　　这个包袱重哩不？

晋方言区普通话学习者要注意体会其中的规律，根据语境选择合适的表达方式。

第五章
朗读训练

一、声母辨正训练

晋方言区的人学习普通话声母应该从三个方面着手：一是学会普通话每一个声母的准确发音；二是了解方言声母与普通话声母的对应关系，改方言声母为对应的普通话声母；三是分清哪些字该读哪个声母。晋方言区的人学习普通话声母时普遍会遇到的难点有：分辨 zh—z、ch—c、sh—s，分辨 f 和 h，分辨 n 和 l，读准零声母音节。本章将逐一详细讲解、训练。

（一）如何分辨 zh—z、ch—c、sh—s

普通话中有舌尖后音 zh、ch、sh 和舌尖前音 z、c、s 声母，两类声母的读音泾渭分明。晋方言区部分方言点这两类声母的读音相混且难以区分。zh、ch、sh 是舌尖后音（也叫卷舌音），发音时舌面前部与硬腭前部形成阻碍，舌头后缩，舌尖向上方翘起。z、c、s 是舌尖前音，发音时舌尖平伸，与上齿背接触或接近成阻。正确分辨 zh、ch、sh 和 z、c、s 是晋方言区人学好普通话声母的重点和难点之一。

普通话声韵拼合规律可以为我们辨正 zh、ch、sh 和 z、c、s 提供一些帮助，具体如下：

韵母 e 与声母 sh 相拼，与声母 s 相拼只有去声 sè，没有其他三声的字。例如：

shē	奢侈	赊账	畲族	猞猁
shé	舌头	折本	蛇尾
shě	舍得
shè	社会	设计	发射	涉猎	特赦	麝香
sè	颜色	苦涩	瑟缩	塞音

韵母 en 与声母 z 相拼，只有上声、去声，没有阴平、阳平的字。例如：

| zěn | 怎么 | 怎样 |
| zèn | 谮言 诬陷，中伤 |

韵母 en、eng 与声母 s 相拼，只有阴平，没有阳平、上声、去声的字。例如：

| sēn | 森林 | 森严 |
| sēng | 僧人 | 老僧 |

韵母 –i〔ʅ〕与声母 z 相拼，只有阴平、上声、去声，没有阳平的字。例如：

zī	孜然	咨询	资本	姿色	辎重	滋味	锱铢
zǐ	子女	仔细	姊妹	菜籽	紫色	渣滓
zì	自己	字句	恣情	油渍

韵母 –i〔ʅ〕与声母 s 相拼，只有阴平、上声、去声，没有阳平的字。例如：

| sī | 司机 | 公私 | 蚕丝 | 思路 | 斯文 | 撕扯 |

sǐ   死亡   杀死

sì   四季   寺庙   伺机   放肆   祭祀   后嗣

韵母 ong 与声母 s 相拼，不与声母 sh 相拼。例如：

sōng   惺忪   松鼠   雾凇   嵩山

sóng   㞞包

sǒng   扠身   耸立   惊悚

sòng   讼案   宋代   送别   歌颂   诵读

韵母 u 与声母 z 相拼，只有阴平、阳平、上声，没有去声的字。例如：

zū   租赁   出租

zú   足球   狱卒   民族   箭镞

zǔ   诅咒   阻碍   小组   祖先

韵母 u 与声母 s 相拼，只有阴平、阳平、去声，没有上声的字。例如：

sū   苏州   酥糖   窸窣

sú   风俗   俗话

sù   宿敌   诉苦   严肃   素养   速度   塑造

韵母 ua 与声母 zh 相拼，不与声母 z 相拼。例如：

zhuā   抓住   挝鼓   髽髻

zhuǎ   爪子

韵母 ua 与声母 ch 相拼，不与声母 c 相拼。例如：

chuā   欻啦_{拟声词}

韵母 ua 与声母 sh 相拼，不与声母 s 相拼。例如：

shuā   刷子   唰唰_{拟声词}

shuǎ   耍笑   耍心眼儿

shuà   刷白（颜色）白而略微发青

韵母 uai 与声母 zh 相拼，不与声母 z 相拼。例如：

zhuāi　　拽出去 扔出去、抛出去

zhuǎi　　转文　　一跩一跩 身体肥胖不灵活，走路摇晃

zhuài　　拽住　　生拉硬拽

韵母 uai 与声母 ch 相拼，不与声母 c 相拼。例如：

chuāi　　搋面　　揣起来 手或物品放在穿着的衣服口袋、袖筒或衣襟里面

chuǎi　　揣测　　揣想

chuài　　挣揣　　踹开

韵母 uai 与声母 sh 相拼，不与声母 s 相拼。例如：

shuāi　　衰弱　　摔倒

shuǎi　　甩货　　甩包袱

shuài　　帅气　　率领　　蟋蟀

韵母 uang 与声母 zh 相拼，不与声母 z 相拼。例如：

zhuāng　庄重　　化妆　　木桩　　装备

zhuǎng　身高腰奘

zhuàng　壮大　　告状　　撞击　　戆直

韵母 uang 与声母 ch 相拼，不与声母 c 相拼。例如：

chuāng　创伤　　冻疮　　窗户

chuáng　床头　　人影幢幢

chuǎng　闯荡　　走南闯北

chuàng　创造　　悲怆

韵母 uang 与声母 sh 相拼，不与声母 s 相拼。例如：

shuāng　双方　　霜降　　遗孀

shuǎng　爽朗　　豪爽

韵母 uo 与声母 zh 相拼，只有阴平、阳平，没有上声、去声的字。

例如：

zhuō   笨拙   捉住   桌子   涿州

zhuó   灼热   茁壮   卓越   浑浊   酌定   啄木鸟   镯子

韵母 uo 与声母 sh 相拼，只有阴平、去声，没有阳平、上声的字。

例如：

shuō   说话   传说

shuò   媒妁   闪烁   朔风   硕大

朗读练习

z—zh（前字为 z 声母字，后字为 zh 声母字）

自主   增长   罪状   赞助   总之   遵照   组织   杂志

奏章   载重   自传   诅咒   做证   在职   作者   宗旨

zh—z（前字为 zh 声母字，后字为 z 声母字）

种族   渣滓   指责   准则   振作   壮族   追踪   正宗

壮哉   制作   主宰   沼泽   种子   正在   知足   职责

c—ch（前字为 c 声母字，后字为 ch 声母字）

财产   促成   操场   操持   彩绸   粗茶   磁场   错处

采茶   辞呈   残喘   擦车   餐车   仓储   裁处   痤疮

ch—c（前字为 ch 声母字，后字为 c 声母字）

差错   尺寸   筹措   成册   船舱   出彩   楚辞   唱词

纯粹   揣测   场次   炒菜   冲刺   晨操   储藏   除草

s—sh（前字为 s 声母字，后字为 sh 声母字）

飒爽   散失   桑葚   私塾   损伤   扫射   随身   岁首

四声   素食   随时   宿舍   松鼠   私事   桑树   缩水

sh—s（前字为 sh 声母字，后字为 s 声母字）

输送   失色   山色   神似   收缩   上诉   疏松   哨所

绳索   申诉   深思   生死   守岁   时速   失散   上司

对比练习

栽花—摘花	赞助—站住	暂时—战时
自理—智力	杂草—铡草	资源—支援
增光—争光	曾祖—蒸煮	早稻—找到
造就—照旧	参赞—参战	宝藏—保障
杂技—札记	宗旨—终止	租子—珠子
自愿—志愿	纵情—重情	祖父—主妇

（二）如何分辨 f 和 h

普通话中的 f 是唇齿清擦音，发音时上齿与下唇形成阻碍，气流从阻碍处挤出来，通过摩擦发声，整个发声过程中声带不振动。h 是舌根清擦音，发音时舌根和软腭形成阻碍，气流从阻碍处挤出来，通过摩擦发声，整个发声过程中声带也不振动。发 f 声母时，舌根也可能同时产生摩擦；发 h 声母时，唇部也可能同时产生摩擦。"同时摩擦"是造成 f、h 声母容易混淆的原因。想要正确区分 f、h，必须明确这两个辅音发音部位的不同，然后多加练习。也可以通过形声字声旁类推的方式帮助记忆，有 f 声母声旁的字一般也读 f 声母，有 h 声母声旁的字一般也读 h 声母，举例如下。

f 声母声旁字	类推字
伐	阀筏垡垈
番	藩幡翻璠镭
凡	帆矾钒梵
反	返仮饭贩
方	邡芳房坊防妨肪仿访纺舫放
非	菲啡绯扉蜚鲱霏腓斐匪诽翡榧
分	芬纷氛玢吩酚汾棻翂粉份忿

风	疯枫沨砜讽
夆（fēng）	峰锋蜂烽逢缝
夫	伕肤麸铁趺扶芙
孚	稃俘垺郭浮琈桴蜉
畐（fú）	福辐幅蝠副富
弗	佛刜拂茀砩绋氟
付	符府俯腐附咐驸鮒
复	馥腹蝮鳆覆
h 声母声旁字	**类推字**
乎	呼滹
忽	唿惚
胡	湖糊蝴猢瑚煳醐鹕
虎	唬琥
户	护扈沪戽
互	枑冱沍
化	花华铧哗骅桦
萑（huán）	欢（歡）獾
睘（huán）	环（環）还（還）阛鬟嬛澴
奂	换焕痪涣唤
荒	慌琉谎
皇	徨凰隍惶遑煌蝗篁
黄	潢璜磺簧癀蟥
晃	幌榥滉
灰	恢诙咴
回	茴徊洄蛔
会	绘荟浍桧烩

惠	槥螇潓瓗
昏	婚阍涽
火	伙钬
霍	攉藿嚯

朗读练习

f—h（前字为 f 声母字，后字为 h 声母字）

| 绯红 | 返还 | 汾河 | 复活 | 符号 | 妨害 | 风寒 | 丰厚 |
| 繁华 | 返航 | 饭盒 | 防护 | 发挥 | 发货 | 防洪 | 废话 |

h—f（前字为 h 声母字，后字为 f 声母字）

| 混纺 | 回复 | 后方 | 划分 | 荒废 | 合法 | 河粉 | 耗费 |
| 合肥 | 豪放 | 海风 | 焕发 | 护肤 | 花费 | 横幅 | 恢复 |

对比练习

理化—理发	会话—废话	航空—防空
换碗—饭碗	工会—公费	互利—富丽
灰鸡—飞机	传呼—船夫	花卉—花费

（三）如何分辨 n 和 l

普通话中的 n 是舌尖中浊鼻音，发音时舌尖上方抬起与上齿龈接触形成阻碍，关闭口腔气流通道，持阻阶段声带颤动，软腭下垂，鼻腔通道打开，气流从鼻腔通过发声。l 是舌尖中浊边音，发音时舌尖上方抬起与上齿龈接触形成阻碍，舌头两边留有空隙，气流振动声带，经过口腔，从舌头两边空隙通过。分辨 n 和 l，首先要分清两个辅音发音部位的不同，逐步掌握 n 和 l 的发音方法，然后通过反复练习达到准确区分的目的。同样，我们也可以通过形声字声旁类推的方式帮助记忆，举例如下。

n 声母声旁字	类推字
内（nà）	呐纳钠衲
乃	芴奶氖
奈	捺萘
南	楠喃腩婻
囊	嚷馕曩攮齉
尼	妮泥伲怩旎昵
兒（ní）	倪霓婗蜺鲵睨
念	捻唸惗埝
呈（niè）	捏涅陧
聂	颞嗫镊蹑
臬（niè）	镍嵲鼹
宁	拧柠咛狞苧聍泞
农	浓脓侬哝秾
奴	呶孥驽笯傩帑弩努砮袈謑怒
l 声母声旁字	类推字
剌（là）	捌喇瘌蝲鯻
来	倈莱崃徕涞梾铼赉睐
赖	籁濑癞
兰	拦栏烂
阑	澜斓镧
览	揽缆榄
劳	捞唠崂痨铹涝耢
累	嫘缧樏倮
雷	擂礌檑镭蕾瘤
离	篱漓璃

里	狸俚哩浬娌鲤锂
力	勒肋荔劣
立	垃拉啦粒笠
历	沥雳呖枥坜
丽	骊鹂鲡逦俪郦
连	涟莲楝裢鲢琏链
廉	濂镰臁蠊
良	粮莨俍踉啷郎琅哴娘朗浪阆蓢茛埌锒
两	俩唡裲蛃魉辆
寮（liáo）	撩僚嘹獠潦燎嫽缭鹩憭瞭
了（liǎo）	辽疗钌
列	咧烈裂冽洌趔
林	琳淋霖啉箖
粦	粦嶙遴辚潾鳞璘磷
令	玲铃伶龄苓泠羚瓴鸰蛉聆翎吟零领岭
留	溜熘瘤遛榴馏骝
龙	笼聋珑泷胧茏陇拢垄垄
娄	瞜喽偻楼髅蒌溇蝼耧篓搂镂瘘
卢	芦炉颅庐鲈胪垆泸
录	菉逯碌禄箓绿氯
吕	闾侣铝稆梠焒
仑	伦论囵轮抡沦纶轮埨
罗	萝啰逻猡锣箩

朗读练习

n—l（前字为 n 声母字，后字为 l 声母字）

努力　耐力　年龄　暖流　鸟类　能力　闹铃　嫩柳

浓烈　逆流　哪里　内敛　奶酪　内陆　农历　脑力

l—n（前字为 l 声母字，后字为 n 声母字）

辽宁　留念　岭南　冷暖　老牛　来年　理念　遛鸟

老年　烂泥　落难　羚牛　龙女　罹难　凌虐　连年

对比练习

留念—留恋　　　年年—连年　　　浓重—隆重

泥巴—篱笆　　　男裤—蓝裤　　　女客—旅客

凝视—零食　　　那月—腊月　　　河南—荷兰

（四）如何分辨普通话中的零声母音节

普通话中部分零声母音节在晋方言中有不同的读法，"爱、艾、袄、熬、安、岸"等字在普通话中读零声母，在晋方言区并州片、吕梁片、大包片、五台片和上党片部分方言点读［ŋ］声母，在大包片、五台片部分方言点读［n］声母，在上党片部分方言点读［ɣ］声母。"儿、二、而、尔、耳、饵"等字在中原官话汾河片运城等方言点有文白异读现象，文读音是零声母，白读音则是［z］或［ʐ］声母。"武、午、袜、蛙、魏、往、网"等字在晋方言区部分方言点读［v］声母。这些现象都是晋方言与普通话发展演变不平衡的结果，晋方言还保留着中古时期的读法。要想分辨普通话中的零声母音节，只能加大对比和朗读训练。本书按照四呼（开口呼、齐齿呼、合口呼和撮口呼）的方式列举一些普通话中的零声母常用词，以供学习者反复练习并熟练掌握。

开口呼＋开口呼　暗暗　恩爱　偶尔　嗷嗷　傲岸　皑皑　昂昂

开口呼＋齐齿呼　阿姨　熬夜　恶意　昂扬　安阳　恶言　安逸

开口呼＋合口呼　额外　耳闻　安慰　扼腕　安稳　二位　讹误

开口呼＋撮口呼　恩怨　耳语　厄运　俄语　暗语　暗喻　鳄鱼

齐齿呼＋开口呼　议案　婴儿　友爱　诱饵　延安　阴暗　银耳

齐齿呼 + 齐齿呼	演艺	扬言	摇曳	压抑	医药	意义	异议
齐齿呼 + 合口呼	延误	要闻	业务	遗忘	义务	因为	厌恶
齐齿呼 + 撮口呼	养育	押韵	谚语	业余	音乐	遥远	演员
合口呼 + 开口呼	巍峨	伟岸	晚安	外耳	文案	无碍	雾霭
合口呼 + 齐齿呼	外因	晚宴	文艺	物业	五一	胃炎	乌鸦
合口呼 + 合口呼	万维	忘我	委婉	慰问	威武	无为	网纹
合口呼 + 撮口呼	婉约	喂鱼	委员	外语	蛙泳	外援	位于
撮口呼 + 开口呼	余额	悦耳	鱼儿	冤案	预案	员额	
撮口呼 + 齐齿呼	泳衣	拥有	语言	元音	愿意	园艺	鸳鸯
撮口呼 + 合口呼	语文	域外	鱼丸	欲望	原文	愿望	韵味
撮口呼 + 撮口呼	用于	永远	踊跃	孕育	预约	运用	御苑

二、韵母辨正训练

晋方言中韵母的读音比较复杂，与普通话韵母系统有较大差异。晋方言区人学习普通话韵母的难点主要有：分辨前鼻音韵母和后鼻音韵母，分辨 ian—ie、üan—üe 韵母，分辨 ang、iang、uang 和 eng、ing、ong（ueng）韵母。

（一）如何分辨前鼻音韵母和后鼻音韵母

前鼻音韵母的韵尾是 n，后鼻音韵母的韵尾是 ng。普通话中前后鼻音韵母有辨义作用，晋方言区部分方言点的人不区分前后鼻音韵母，在学习普通话的过程中要注意区分。

1.前鼻音韵母 an、ian、uan、üan、en、in、uen、ün 的发音过程
an：以前元音 a［a］为起点，舌面逐渐向硬腭抬起，同时软腭下降打开鼻腔通路，舌面前部与硬腭前部接触闭合口腔通道，气流从

鼻腔通过发声。

ian：以前高不圆唇元音 i 为起点，舌位逐渐下降向前元音 a［a］滑动，舌位到达前元音［æ］的时候又开始向硬腭抬起，直到舌面与硬腭接触，同时软腭下降打开鼻腔通路发鼻音 n。

uan：以后高圆唇元音 u 为起点，舌位向前向下移动至前元音 a［a］，同时唇形由圆唇状态变为展唇，发前元音 a［a］后舌位向硬腭升高，同时软腭下降打开鼻腔通路发鼻音 n。

üan：以前高圆唇元音 ü 为起点，舌位向前元音 a［a］方向下滑，唇形由圆唇逐渐变为展唇，舌位只到达前元音［æ］时即开始升高，同时软腭下降打开鼻腔通路发鼻音 n。

en：以央元音［ə］为起点，舌面逐渐向硬腭抬起，同时软腭下降打开鼻腔通路，舌面前部与硬腭前部接触闭合口腔通道，气流从鼻腔通过发声。

in：以前高不圆唇元音 i 为起点，舌面逐渐向硬腭抬起，同时软腭下降打开鼻腔通路，舌面前部与硬腭前部接触时，口腔中的气流从鼻腔通过发声。

uen：以后高圆唇元音 u 为起点，舌位向央元音［ə］滑动，唇形由圆唇变为展唇，同时软腭下降打开鼻腔通路，舌面前部与硬腭前部接触时，口腔中的气流从鼻腔通过发声。

ün：以前高圆唇元音 ü 为起点，舌面逐渐向硬腭抬起，同时软腭下降打开鼻腔通路，舌面前部与硬腭前部接触时，口腔中的气流从鼻腔通过发声。

2.后鼻音韵母 ang、iang、uang、eng、ing、ueng、ong、iong 的发音过程

ang：以后低元音 a［ɑ］为起点，舌根逐渐向软腭贴近，同时软

腭下降打开鼻腔通路，舌根与软腭接触闭合口腔通路，气流从鼻腔流出。

iang：以前高不圆唇元音 i 为起点，舌位向后低元音 a［ɑ］滑动，其后舌根向软腭移动，同时软腭下降打开鼻腔通路，舌根与软腭接触闭合口腔通路，气流从鼻腔流出。

uang：以后高圆唇元音 u 为起点，舌位向后低元音 a［ɑ］滑动，同时唇形由圆唇变为展唇，其后舌根向软腭移动，同时软腭下降打开鼻腔通路，舌根与软腭接触闭合口腔通路，气流从鼻腔流出。

eng：以后半高不圆唇元音 e［ɤ］为起点，舌根逐渐向软腭贴近，同时软腭下降打开鼻腔通路，舌根与软腭接触闭合口腔通路，气流从鼻腔流出。

ing：以前高不圆唇元音 i 为起点，舌位逐渐后移，舌根逐渐向软腭贴近，同时软腭下降打开鼻腔通路，舌根与软腭接触闭合口腔通路，气流从鼻腔流出。

ueng：以后高圆唇元音 u 为起点，舌位向下滑动至后半高元音 e［ɤ］的位置，同时唇形由圆唇变为展唇，紧接着舌位升高，舌根逐渐向软腭贴近，同时软腭下降打开鼻腔通路，舌根与软腭接触闭合口腔通路，气流从鼻腔流出。

ong：以后高圆唇元音 u（实际读音为略低的［ʊ］）为起点，舌位后缩，舌根逐渐向软腭贴近，同时软腭下降打开鼻腔通路，舌根与软腭接触闭合口腔通路，气流从鼻腔流出。

iong：以前高元音 i（实际读音是圆唇化的 ʷi）为起点，舌位后移略有下降，直到后高元音 u（实际读音为略低的［ʊ］）的位置，舌根再逐渐向软腭贴近，同时软腭下降打开鼻腔通路，舌根与软腭接触闭合口腔通路，气流从鼻腔流出。

辨音练习

an

斑斓	翻番	淡然	懒散	参赞	潸然	产蛋	反感
橄榄	坦然	展览	漫谈	汗衫	勘探	难看	感叹

en

本分	认真	深沉	深圳	振奋	根本	愤恨	本人
人参	沉闷	门诊	粉尘	根深	恩人	婶婶	审慎

in

拼音	民心	近亲	殷勤	金银	贫民	濒临	临近
亲民	音频	紧紧	引进	辛勤	信心	近邻	

uen

伦敦	馄饨	温顺	滚轮	昆仑	困顿	温存	论文

ün

军训	均匀	逡巡	菌群	芸芸	寻寻

ang iang uang

苍茫	昂扬	江洋	螳螂	两江	行当	创伤	狂妄
亮相	响亮	厂房	装潢	向阳	商场	强项	长江

eng

风声	更正	征程	蒸腾	冷风	猛增	恒生	逞能
省城	风筝	承蒙	增生	登城	风能	愣怔	吭声

ing

蜻蜓	平定	姓名	病情	影评	冰凌	行星	经营
明镜	丁零	倾听	命令	情景	灵性	硬性	清明

朗读练习

耕耘	神情	困境	更新	分明	藏身	风韵	青春
沉静	墙根	生存	光临	尊称	文凭	忠贞	巡警

凌晨	农村	身影	精神	春风	雄浑	军装	恒温
论证	平分	银杏	灵魂	民航	将军	信仰	病菌

（二）如何分辨 ian—ie、üan—üe

ie、üe 的发音过程如下。

ie：以前高不圆唇元音 i 和前半低不圆唇元音 ê［ɛ］构成的二合元音。以 i 为发音起点，舌位逐渐下移至前半低不圆唇元音 ê［ɛ］。

üe：以前高圆唇元音 ü 和前半低不圆唇元音 ê［ɛ］构成的二合元音。以 ü 为发音起点，舌位逐渐下移至 ê［ɛ］（实际读音是比 ê［ɛ］略高的［E］），同时唇形由圆唇变为展唇。

ian 和 üan 的发音过程上文已详细说明，这里不再赘述。

辨音练习

边—憋	篇—瞥	面—灭	掂—跌	舔—铁
圈—缺	捐—噘	悬—学	全—瘸	倦—倔

别致—编制	磨灭—磨面	跌倒—颠倒
阶段—间断	茄子—钳子	蔑视—面试
圈地—缺地	上悬—上学	怨气—乐器

朗读练习

瞥见	界限	猎犬	铁拳	缺点	学年	雪原	绝缘
鉴别	天蝎	劝解	原野	签约	坚决	圆月	欠缺
连线	天线	厌倦	健全	全面	宣言	悬念	全员
全权	源泉	绵延	天边	减免	脸面	渐远	年间

（三）如何分辨 ang、iang、uang 和 eng、ing、ueng、ong

ang、iang、uang 和 eng、ing、ueng、ong 同为后鼻音韵母，区别在于前三个韵母与后四个韵母的主要元音不同。要想读准它们，

需要认真比较 ang、iang、uang 与 eng、ing、ueng、ong 发音过程的
不同，并结合下列示例勤加练习。

辨音练习

ang—eng

长风—乘风　　　　　航行—横行　　　　　商贩—生饭

旁证—膨胀　　　　　刚正—更正　　　　　常识—诚实

iang—ing

反响—反省　　　　　枪声—轻声　　　　　强行—情形

抢人—请人　　　　　新绛—心境　　　　　良将—灵境

uang—ueng（ong）

反光—反攻　　　　　黄色—红色　　　　　装药—中药

老汪—老翁　　　　　木筐—目空　　　　　小床—小虫

朗读练习

港商	苍茫	榜样	唱腔	上将	猖狂	伤亡	堂皇
长城	帐篷	方程	纲领	放映	畅通	航空	防洪
冷静	灯笼	能量	疯狂	灯光	经营	平衡	轻松
营养	兴旺	总统	公正	动静	农场	恐慌	容量

三、声调辨正训练

声调是音节中能够区别意义的音高变化，是汉语音节必不可少
的组成部分。普通话的声调系统较为简单，而晋方言的声调系统要
比普通话复杂得多。山西中部绝大多数方言点平声不分阴阳，仍保
留着入声；山西西北部方言点大多不分阴平和上声；山西东南部方
言点则保留了阴去和阳去的区别。晋方言区人学习普通话时，首先
要搞清楚自己的方言与普通话在调类上的相同和不同之处，找出它

们的对应规律，然后再进行调值的比较，把高低、升降、曲折读准确。

（一）普通话的调类、调值及发音方式

汉语的调类是指对声调的分类。调类的名称（即调名）是指普通话或某方言声调的名称。普通话声调的调类有 4 种：阴平、阳平、上声和去声。调值是指声调的高低、升降、曲直，是声调实际音高的数字表示，通常采用五度标记法来记录。用一条竖线表示声音的高低，由下面最低点到最高点共分为五度，即低、半低、中、半高、高，分别用 1、2、3、4、5 依次表示，如下图：

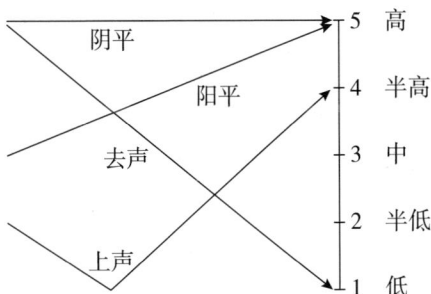

图 5-1　五度标记法标记普通话的四声

普通话各类声调由于调型和调值不相同，发音方式也不相同，因此需要学习者认真体会和多加练习才能掌握。普通话四声（阴平、阳平、上声、去声）的具体发音方式如下：

阴平：普通话的阴平是高平调，发音时，由 5 度到 5 度，基本没有高低升降的变化，发音结束时，调尾处音高稍有下降，但不影响调型。阴平全调发音时长比上声和阳平略短，比去声长。

阳平：普通话的阳平是高升调，发音时，由 3 度升高到 5 度，起调保持较高，升高时直接上升没有曲折。阳平全调发音时长比阴平和

去声长，比上声短。

上声：普通话的上声是降升调，发音时，由半低2度起调，先降到最低1度，再升高到半高4度，由2度降到1度再升到4度是一个连续的过程，发音过程不能有停顿。上声全调发音时长在四个调类中最长，而且在语流中变化较多。

去声：普通话的去声是一个高降调，发音时，由5度直接降到1度，中间没有停顿和曲折。去声全调发音时长在四个调类中最短。

（二）普通话的语流音变

在语流中，前后相邻的音素由于相互影响，在同一音节内部或不同音节之间，声母、韵母或声调会发生一定的变化，这种音变就叫作语流音变。语流音变的起因或是与该音素处于音节末尾有关，或是与说话的高低、快慢、强弱的变化有关。汉语中常见的语流音变主要有同化、异化、弱化、脱落、增音等。普通话中的语流音变主要有轻声音变、儿化音变、连读变调等。关于普通话中的语流音变前文已详述，本章以举例为主，以便普通话学习者练习掌握。

1. 轻声音变规律

（1）语气词"吧、吗、啊、呢"等一般读为轻声，例如：

这是你的衣服**吧**。

书上说的是真的**吗**？

今天的中国是多么繁荣强大**啊**！

午饭还没吃**呢**。

（2）助词"着、了、过、的、地、得"读为轻声，例如：

吃**着**吃**着**就睡过去了。

小孩子就这样，好了伤疤忘了疼。

我也去过北京。

中国球迷高兴地在大街上挥舞着国旗。

伟大的事业需要伟大的精神。

儿童脾胃虚弱常常是吃得太多引起的。

（3）名词后缀"子、儿、头"读为轻声，例如：

有人在园子里盖起了房子。

老王头今年六十八岁。

鸟儿是大自然的歌唱家。

（4）某些双音节词的后字习惯读为轻声，例如：

书记	大夫	萝卜	豆腐	云彩	耳朵	苍蝇	意思	马虎
犹豫	衣服	清楚	打听	告诉	棉花	出去	回来	扫帚

2. 儿化音变规律

a—ar［Ar］	刀把儿	胡茬儿	号码儿
ia—iar［iAr］	豆芽儿	人家儿	脚丫儿
ua—uar［uA］	小褂儿	年画儿	牙刷儿
o—or［or］	粉末儿	山坡儿	水波儿
uo—uor［uor］	心窝儿	花朵儿	脆果儿
ao—aor［aur］	皮袄儿	走道儿	小宝儿
iao—iaor［iaur］	交表儿	面条儿	豆角儿
e—er［ɤr］	打嗝儿	小车儿	唱歌儿
ie—ier［ier］	树叶儿	台阶儿	麦秸儿
üe—üer［yer］	正月儿	空缺儿	皮靴儿
u—ur［ur］	火炉儿	毛肚儿	杏核儿
ou—our［our］	网兜儿	小偷儿	火候儿
iou—iour［iour］	加油儿	小妞儿	冰溜儿

ai—ar〔air〕	男孩儿	鞋带儿	瓶盖儿
ei—er〔er〕	宝贝儿	擦黑儿	刀背儿
an—ar〔ar〕	床单儿	竹竿儿	摆摊儿
ian—iar〔iær〕	河沿儿	聊天儿	样片儿
en—er〔ər〕	书本儿	前门儿	大份儿
uei—uer〔uər〕	跑腿儿	草灰儿	一对儿
uen—uer〔uər〕	三轮儿	没准儿	木棍儿
uai—uar〔uar〕	一块儿		
uan—uar〔uar〕	羊倌儿	撒欢儿	打转儿
üan—üar〔yar〕	汤圆儿	烟卷儿	绕圈儿
i—ier〔iər〕	蒜皮儿	响鼻儿	驴蹄儿
ü—üer〔yər〕	蛐蛐儿	小鱼儿	有趣儿
-i〔ʅ〕—〔iər〕	写字儿	挑刺儿	
-i〔ʅ〕—〔iər〕	果汁儿	出事儿	锯齿儿
in—ier〔iər〕	使劲儿	脚印儿	背心儿
ün—üer〔yər〕	花裙儿	口讯儿	和群儿
ang—ãr〔ãr〕	翅膀儿	偏方儿	帮忙儿
iang—iãr〔iãr〕	挠痒儿	小样儿	管腔儿
uang—uãr〔uãr〕	亮光儿	蛋黄儿	气窗儿
eng—ẽr〔ə̃r〕	板凳儿	油灯儿	现成儿
ing—iẽr〔iə̃r〕	水瓶儿	电影儿	小命儿
ueng—uẽr〔uə̃r〕	嗡嗡儿		
ong—õr〔ũr〕	胡同儿	抽空儿	小虫儿
iong—iõr〔ỹr〕	小熊儿		

3. 连读变调规律

（1）上声＋非上声变调（21＋非上声）

老师	北京	广播	首先	本身	火星	酒杯
长官	手巾	港湾	保温	口干	水温	主观
朗读	小学	解决	感情	厂房	打雷	腿毛
考察	好人	海洋	本来	感觉	履行	委员
稿件	准备	款项	惨淡	改造	板凳	狗叫
保证	武器	写信	水利	讲价	胆大	孔雀

（2）上声＋上声变调（35＋214）

所以	只好	雨水	女子	小巧	水果	彼此
厂长	火把	检讨	起草	手巧	胆小	保守
赶紧	可以	品种	稿纸	火腿	水土	口齿

（3）"一""不"的变调

一板一眼	一丝一毫	一朝一夕	一前一后	一穷二白
一蹶不振	一花一叶	一成不变	一丝不苟	一问一答
不三不四	不闻不问	不管不顾	不上不下	不男不女
不疼不痒	不卑不亢	不清不楚	不见不散	不慌不忙

（三）普通话声调辨音练习

普通话声调的训练包括单音节字、双音节词和多音节词语的练习。在朗读双音节词及多音节词语时，还要注意语流音变中的正确读音，只有把握规律，加强练习，才能处理好调值音高的变化，达到学好普通话的目的。

1. 同声同韵单音节四声发音训练

八—拔—把—爸　　　　　　　妈—麻—码—骂

发_{发生}—罚—法—发_{头发}　　　低—敌—抵—地

通—铜—统—痛　　　　　　憨—韩—喊—汉

香—详—想—像　　　　　　猜—财—彩—菜

虽—随—髓—碎　　　　　　掰—白—摆—败

抛—袍—跑—炮　　　　　　非—肥—匪—废

加—夹—假—嫁　　　　　　薛—学—雪—血

2. 双音节词四声组合发音训练

阴平 + 阴平：

| 播音 | 江山 | 单一 | 公安 | 星空 | 工交 | 端庄 | 疏通 |

阴平 + 阳平：

| 发言 | 中国 | 偏旁 | 资源 | 编辑 | 金鱼 | 轻浮 | 昆明 |

阴平 + 上声：

| 发展 | 灯塔 | 资产 | 根本 | 铅笔 | 牵手 | 班长 | 青海 |

阴平 + 去声：

| 通信 | 观众 | 发动 | 尊敬 | 庄重 | 公布 | 坚硬 | 编号 |

阳平 + 阴平：

| 农村 | 平安 | 雄心 | 国徽 | 南风 | 诚心 | 唯一 | 值班 |

阳平 + 阳平：

| 为难 | 联营 | 然而 | 吉祥 | 诚实 | 儿童 | 驰名 | 贤良 |

阳平 + 上声：

| 房产 | 门板 | 闲散 | 平坦 | 服软 | 求索 | 描写 | 明显 |

阳平 + 去声：

| 同步 | 顽劣 | 勤奋 | 城建 | 雄性 | 圆柱 | 排练 | 国粹 |

上声 + 阴平：

| 美工 | 北郊 | 主张 | 酒精 | 讲师 | 走私 | 展出 | 总督 |

上声 + 阳平：

补习　古文　领衔　取得　谴责　免除　语言　改革

上声 + 上声：

美好　永远　感想　雨伞　主导　典礼　选举　广场

上声 + 去声：

组件　舞动　远大　土地　谷物　璀璨　典范　写作

去声 + 阴平：

办公　贵宾　冠军　列车　畅销　试车　健康　透支

去声 + 阳平：

化学　错时　正常　动容　奉行　富含　配合　漫谈

去声 + 上声：

具体　戏本　外表　特首　注脚　瑞雪　历史　至少

去声 + 去声：

祝愿　议论　政策　报告　对话　降落　借鉴　纪念

阴平 + 阳平 + 上声 + 去声：

光明磊落　　心明眼亮　　巍峨耸立　　飞檐走壁　　花红柳绿

千锤百炼　　风调雨顺　　思前想后　　中流砥柱　　三足鼎立

去声 + 上声 + 阳平 + 阴平：

顺理成章　　四海为家　　寿比南山　　木已成舟　　刻骨铭心

妙手回春　　绿草如茵　　驷马难追　　耀武扬威　　救死扶伤

3. 轻声音节发音训练

桌子　高的　飞了　背着　街上　压下　风头　吃过

烧吧　山上　妈妈　姑姑　悖悖　苍蝇　差事　灯笼

虾米　收拾　衣服　先生　知识　舒服　生意　胳膊

风筝　官司　挑剔　粮食　谁呢　糊糊　爷爷　棉花

活泼	麻烦	头发	行李	脾气	琢磨	铃铛	行当
眉毛	和尚	逻辑	朋友	徒弟	学问	柴火	娃娃
板子	你的	倚着	仰着	苦头	打算	领子	眼睛
恶心	小气	首饰	尾巴	打扮	本事	恍惚	指望
买卖	扭捏	伙计	宝贝	喜欢	脑袋	大的	记着
任务	认识	费用	会计	告诉	运气	爸爸	志气
漂亮	弟弟	应酬	下来	看过	义气	厉害	动静
力气	念头	裤子	是的	后头	笑话	念叨	

四、容易读错的多音字

拗　拗口（ào）—执拗（niù）

辟　复辟（bì）—开辟（pì）

泊　漂泊（bó）—血泊（pō）

乘　乘风破浪（chéng）—万乘之国（shèng）

臭　臭气（chòu）—乳臭未干（xiù）

畜　畜力（chù）—畜产（xù）

创　重创（chuāng）—创造（chuàng）

坊　牌坊（fāng）—染坊（fáng）

佛　佛教（fó）—仿佛（fú）

供　供销（gōng）—供述（gòng）

勾　勾结（gōu）—勾当（gòu）

冠　冠心病（guān）—沐猴而冠（guàn）

号　称号（hào）—号叫（háo）

喝　大吃大喝（hē）—喝彩（hè）

横　横七竖八（héng）—横财（hèng）

混　混合（hùn）—混水摸鱼（hún）

间　间断（jiàn）—中间（jiān）

劲　干劲（jìn）—刚劲（jìng）

卡　卡车（kǎ）—关卡（qiǎ）

壳　贝壳（ké）—地壳（qiào）

脉　命脉（mài）—含情脉脉（mò）

模　劳模（mó）——一模一样（mú）

宁　安宁（níng）—宁死不屈（nìng）

悄　静悄悄（qiāo）——悄然无声（qiǎo）

蹊　蹊径（xī）—蹊跷（qī）

宿　住宿（sù）—住一宿（xiǔ）—星宿（xiù）

胖　胖乎乎（pàng）—心广体胖（pán）

钻　钻探（zuān）—钻床（zuàn）

舍　舍不得（shě）—校舍（shè）

擂　自吹自擂（léi）—擂台（lèi）

应　应届（yīng）—里应外合（yìng）

蜇　蝎子蜇人（zhē）—海蜇（zhé）

五、容易读错的词语

挨（ái）打	狭隘（ài）	谙（ān）练	凹透镜（āo）
山坳（ào）	印把（bà）子	傍（bàng）晚	过磅（bàng）
同胞（bāo）	褒（bāo）义词	剥削（bōxuē）	龅（bāo）牙
单薄（bó）	稀薄（bó）	堡（bǔ）子	爆（bào）竹
疲惫（bèi）	笔（bǐ）直	卑鄙（bǐ）	包庇（bì）
奴婢（bì）	避（bì）雨	隔壁（bì）	胳臂（bei）
蝙（biān）蝠	遍（biàn）地	骠（piào）骑	傧（bīn）相

濒（bīn）危　　　髌（bìn）骨　　　话柄（bǐng）　　　摈（bìn）弃

波（bō）浪　　　传播（bō）　　　大伯（bǎi）子　　　淡泊（bó）

财帛（bó）　　　胳膊（bo）　　　苇箔（bó）　　　颠簸（bǒ）

白醭（bú）　　　逮捕（dàibǔ）　　　哺（bǔ）乳　　　外埠（bù）

残（cán）暴　　　惭（cán）愧　　　灿（càn）烂　　　矿藏（cáng）

粗糙（cāo）　　　嘈（cáo）杂　　　参差（cēncī）　　　搽（chá）粉

阐（chǎn）明　　　发颤（chàn）　　　打颤（zhàn）　　　羼（chàn）入

一场（cháng）雨　　　巢穴（cháoxué）　　　嘲（cháo）笑　　　称（chèn）心

乘（chéng）客　　　惩（chéng）罚　　　橙（chéng）子　　　痴（chī）心

钥匙（shi）　　　奢侈（chǐ）　　　炽（chì）热　　　冲（chòng）床

舂（chōng）米　　　铜臭（xiù）　　　处（chǔ）女　　　痛处（chù）

支绌（chù）　　　接触（chù）　　　黜黜（chù）　　　闯（chuǎng）荡

创（chuāng）伤　　　宽绰（chuo）　　　赐（cì）教　　　档（dàng）案

悼（dào）词　　　板凳（dèng）　　　羝（dī）羊　　　芥蒂（dì）

的（dí）当　　　真谛（dì）　　　取缔（dì）　　　调（tiáo）皮

蝴蝶（húdié）　　　装订（dìng）　　　踱（duó）方步　　　砝（fǎ）码

妨（fáng）碍　　　脂肪（fáng）　　　皮肤（fū）　　　拂（fú）晓

束缚（shùfù）　　　瓜葛（gé）　　　诸葛（gě）　　　五更（gēng）

骨（gǔ）头　　　刽（guì）子手　　　巷（hàng）道　　　桦（huà）木

徘徊（huái）　　　踝（huái）骨　　　教诲（huì）　　　混淆（hùnxiáo）

茶几（jī）　　　疾（jí）病　　　棘（jí）手　　　嫉（jí）妒

脊（jǐ）梁　　　古迹（jì）　　　成绩（jì）　　　沉寂（jì）

偈（jì）语　　　歼（jiān）灭　　　比较（jiào）　　　发酵（jiào）

根茎（jīng）　　　痉（jìng）挛　　　揩（kāi）油　　　感慨（kǎi）

鸟瞰（kàn）　　　恪（kè）守　　　铿锵（kēngqiāng）　　　傀（kuǐ）儡

花蕾（lěi）　　　恶劣（liè）　　　趔（liè）趄　　　拎（līn）着

俘虏（lǔ）　　　　绿（lù）林　　　　履（lǚ）历　　　　掠（lüè）夺
埋（mán）怨　　　　牛虻（méng）　　酩（mǐng）酊　　　荒谬（miù）
气馁（něi）　　　　柔嫩（nèn）　　　玩弄（nòng）　　　弄（lòng）堂
暖和（nuǎnhuo）　　婀娜（nuó）　　　排（pǎi）子车　　　烹调（pēngtiáo）
澎湃（péngpài）　　河畔（pàn）　　　乒乓（pīngpāng）　滂（pāng）沱
披（pī）散　　　　　僻（pì）静　　　　剽（piāo）窃　　　　撇（piē）弃
迫（pǎi）击炮　　　瀑（pù）布　　　　两栖（qī）　　　　亲戚（qi）
蹊（qī）跷　　　　　奇（jī）数　　　　绮（qǐ）丽　　　　　槭（qì）树
潜（qián）在　　　　纤（xiān）维　　　怯（qiè）懦　　　　提挈（qiè）
亲（qìng）家　　　　侵（qīn）略　　　　倾（qīng）向　　　　龋（qǔ）齿
围绕（rào）　　　　森（sēn）林　　　　干啥（shá）　　　　宿舍（shè）
胜（shèng）任　　　教室（shì）　　　　特殊（shū）　　　　游说（shuì）
塑（sù）料　　　　　虽（suī）然　　　　骨髓（suǐ）　　　　隧（suì）洞
鹰隼（sǔn）　　　　水獭（tǎ）　　　　青苔（tái）　　　　臀（tún）部
瓦（wà）刀　　　　　往（wǎng）下　　　违（wéi）反　　　　分析（xī）
空袭（xí）　　　　　陷（xiàn）落　　　霰（xiàn）弹　　　　混淆（xiáo）
咆哮（xiào）　　　　颉颃（xiéháng）　叶（xié）韵　　　　挟（xié）制
携（xié）带　　　　机械（xiè）　　　纸屑（xiè）　　　　川芎（xiōng）
朽（xiǔ）烂　　　　戏谑（xuè）　　　寻（xún）思　　　　驯（xùn）服
山崖（yá）　　　　亚（yà）军　　　　河沿（yán）　　　　筵（yán）席
菜肴（yáo）　　　　友谊（yì）　　　　愉（yú）快　　　　憎（zēng）恨
号召（zhào）　　　指摘（zhāi）　　　装帧（zhēn）　　　指（zhǐ）甲
质（zhì）量　　　　秩（zhì）序　　　　胡诌（zhōu）　　　步骤（zhòu）
驱逐（zhú）　　　　拙劣（zhuō）　　　卓（zhuó）识　　　作（zuò）揖
大有裨（bì）益　　　　瞠（chēng）目结舌　　　一蹴（cù）而就
暴戾（lì）恣睢（suī）　　刚愎（bì）自用　　　　余勇可贾（gǔ）

怙（hù）恶不悛（quān）　　矫（jiǎo）揉造作　　循规蹈矩（jǔ）

并行不悖（bèi）　　差（chā）强人意　　心余力绌（chù）

安步当（dàng）车　　草菅（jiān）人命　　含英咀（jǔ）华

修葺（qì）一新　　悄（qiǎo）然无声　　潸（shān）然泪下

恸（tòng）哭不止　　削（xuē）足适履　　证据确凿（záo）

栉（zhì）风沐雨　　所向披靡（mǐ）　　歃（shà）血为盟

莘莘（shēn）学子　　荼（tú）毒生灵　　鲜（xiǎn）为人知

徇（xùn）私舞弊　　一隅（yú）三反　　断垣（yuán）残壁

翘（qiáo）首期盼　　有恃（shì）无恐　　恬（tián）不知耻

强（qiǎng）人所难　　纵横捭阖（bǎihé）　　重（chóng）足而立

呱（gū）呱坠地　　间（jiān）不容发　　无耻谰（lán）言

不差（chā）累黍　　宵衣旰（gàn）食　　引吭（háng）高歌

戛（jiá）然而止　　挑拨离间（jiàn）　　不卑不亢（kàng）

鳞次栉（zhì）比　　亘（gèn）古未有　　沆瀣（hàngxiè）一气

管窥蠡（lí）测　　排难（nàn）解纷　　居心叵（pǒ）测

方枘（ruì）圆凿　　自怨自艾（yì）　　揠（yà）苗助长

姹（chà）紫嫣（yān）红　　心宽体胖（pán）　　不遂（suì）人愿

为（wèi）虎作伥（chāng）　　大腹便（pián）便　　呕（ǒu）心沥血

杳（yǎo）如黄鹤　　惴（zhuì）惴不安　　有隙（xì）可乘（chéng）

相（xiàng）机行事　　退避三舍（shè）　　瓜熟蒂（dì）落

度（duó）德量力　　饮鸩（zhèn）止渴　　诲（huì）人不倦

熠（yì）熠生辉　　无边无垠（yín）　　阿（ē）弥陀佛

刚正不阿（ē）　　一曝（pù）十寒　　髀（bì）肉复生

闭门造车（chē）　　遗臭（chòu）万年　　吹毛求疵（cī）

归里包堆（duī）　　汗流浃（jiā）背　　前仆（pū）后继

扣人心弦（xián）

参考文献

［1］安介生.山西移民史［M］.太原：山西人民出版社，1999.

［2］北京大学中国语言文学系语言学教研室.汉语方言词汇［M］.
　　2版.北京：语文出版社，1995.

［3］北京大学中国语言文学系语言学教研室.汉语方音字汇［M］.
　　2版.北京：文字改革出版社，1989.

［4］陈宗振.试释李唐皇室以"哥"称父的原因及"哥""姐"等词
　　与阿尔泰诸语言的关系［J］.语言研究，2001（2）.

［5］戴庆厦.我国藏缅语族松紧元音来源初探［J］.民族语文，1979
　　（1）.

［6］丁邦新.丁邦新语言学论文集［M］.北京：商务印书馆，1998.

［7］丁启阵.秦汉方言［M］.北京：东方出版社，1991.

［8］范慧琴.山西定襄方言名词的里变儿化［J］.语文研究，2004
　　（2）.

［9］高峰.晋语志延片语音研究［D］.西安：陕西师范大学，2011.

［10］葛剑雄.中国移民史［M］.福州：福建人民出版社，1997.

［11］龚煌城.西夏语的音韵转换与语音构拟［C］//西夏语言文字研

究论集 . 北京：民族出版社，2005.

[12] 哈斯其木格 . 蒙古语的复辅音问题 [J]. 民族语文，2006（3）.

[13] 侯精一 . 山西、陕西沿黄河地区汉语方言类型特征的地理分布与历史层次：以第三人称代词"他"为例 [C] // 汉语方言的地理语言学研究 . 北京：商务印书馆，2013.

[14] 侯精一 . 现代晋语的研究 [M]. 北京：商务印书馆，1999.

[15] 侯精一，温端政 . 山西方言调查研究报告 [M]. 太原：山西高校联合出版社，1993.

[16] 胡安顺 . 音韵学通论 [M]. 北京：中华书局，2002.

[17] 胡全章，曹辛华 . 黄河流域方志集成：（康熙）临晋县志 [M]. 北京：北京燕山出版社，2020.

[18] 胡双宝 . 说"哥" [C] // 语言学论丛第六辑 . 北京：商务印书馆，1980.

[19] 黄伯荣，廖序东 . 现代汉语 [M]. 增订 6 版 . 北京：高等教育出版社，2017.

[20] 黄布凡 . 羌语语音演变中排斥鼻音的趋势 [J]. 民族语文，1987（5）.

[21] 江蓝生 . 后置词"行"考辨 [J]. 语文研究，1998（1）.

[22] 郎桂青 . 学习普通话诀要 [M]. 长春：吉林人民出版社，1997.

[23] 李建校 . 陕北晋语语音研究 [D]. 北京：北京语言大学，2006.

[24] 李荣 . 官话方言的分区 [J]. 方言，1985（1）.

[25] 李如龙，辛世彪 . 晋南、关中的"全浊送气"与唐宋西北方音 [J]. 中国语文，1999（3）.

[26] 李绍明 . 夏禹文化研究 [M]. 成都：巴蜀书社，2000.

[27] 林语堂 . 西汉方音区域考（上） [J]. 贡献旬刊，1927（2）.

［28］卢芸生.内蒙古西部地区汉语方言里的蒙语借词［J］.民族语文，1995（6）.

［29］鲁国尧."方言"的涵义［J］.语言教学与研究，1992（1）.

［30］鲁国尧."颜之推谜题"及其半解（上）［J］.中国语文，2002（6）.

［31］陆俭明.关于"去+VP"和"VP+去"句式［J］.语言教学与研究，1985（4）.

［32］罗常培.临川音系［M］.北京：科学出版社，1958.

［33］罗常培，周祖谟.汉魏晋南北朝韵部演变研究［M］.北京：科学出版社，1958.

［34］马庆株.语法研究入门［M］.北京：商务印书馆，1999.

［35］濮之珍.中国语言学史［M］.上海：上海古籍出版社，1987.

［36］乔全生.晋方言语法研究［M］.北京：商务印书馆，2000.

［37］乔全生.晋语与官话非同步发展（一）［J］.方言，2003（2）.

［38］乔全生.晋方言语音史研究［M］.北京：中华书局，2008.

［39］乔全生.山西方言重点研究丛书：1—4辑［M］.太原：山西人民出版社，2002—2007.

［40］乔全生.山西方言重点研究丛书：5—6辑［M］.北京：九州出版社，2009—2011.

［41］乔全生.山西方言重点研究丛书：7—9辑［M］.太原：北岳文艺出版社，2009—2019.

［42］乔全生.中国语言资源集：山西（词汇卷）［M］.北京：商务印书馆，2023.

［43］乔全生，李小萍，王晓婷.山西省分市县汉语方言文献辑要［M］.太原：北岳文艺出版社，2017.

［44］乔全生，史秀菊.大学生学习普通话教材［M］.太原：书海出版社，2005.

［45］乔全生，余跃龙.晋方言与官话非同步发展（五）：鼻音韵尾的弱化和消失［J］.北斗语言学刊，2019（2）.

［46］桥本万太郎.语言地理类型学［M］.上海：世界图书出版公司，2008.

［47］任乃强.四川上古史新探［M］.成都：四川人民出版社，1986.

［48］山西省史志研究院.山西通史［M］.北京：中华书局，1997.

［49］邵敬敏.现代汉语通论［M］.上海：上海教育出版社，2001.

［50］沈明，秋谷裕幸.吕梁片晋语的过渡性特征［J］.中国语文，2018（4）.

［51］沈明.山西省的汉语方言［J］.方言，2008（4）.

［52］沈钟伟.复杂适应系统和汉语动态研究［C］//语言学论丛第五十辑.北京：商务印书馆，2014.

［53］史素芬.从长治话走向普通话［M］.北京：大众文艺出版社，2007.

［54］史秀菊.山西方言与普通话［M］.北京：中国科学技术出版社，2002.

［55］孙小花.山西方言语音历史层次研究［D］.上海：上海师范大学，2006.

［56］孙竹.蒙古语族语言词典［M］.西宁：青海人民出版社，1990.

［57］谭其骧.晋永嘉丧乱后之民族迁徙［J］.燕京学报，1934（15）.

［58］王福堂.汉语方言语音的演变和层次［M］.北京：语文出版社，1999.

［59］王森.甘肃临夏方言的两种语序［J］.方言，1993（3）.

［60］王雪樵.蒙古语地名"文也那""把娄里"含义试析［J］.中国
地名，2018（7）.

［61］王重民，王庆菽，向达，等.敦煌变文集［M］.北京：人民文学
出版社，1984.

［62］魏嵩山.中国历史地名大辞典［M］.广州：广东教育出版社，
1995.

［63］杨永龙.实词虚化与结构式的语法化［M］.上海：学林出版社，
2017.

［64］叶晓锋.从语言接触角度看方言和民族语言中部分词语的语源
［J］.东方语言学，2017（1）.

［65］余跃龙.唐五代西北方音的早期源头和形成历史［J］.吉林大学
社会科学学报，2020（2）.

［66］余志鸿.元代汉语"一行"的语法意义［J］.语文研究，1987（2）.

［67］袁家骅.汉语方言概要［M］.2版.北京：语文出版社，2001.

［68］詹伯慧，张振兴.汉语方言学大词典［M］.广州：广东教育出版
社，2017.

［69］张颔.古代少数民族在今山西遗踪杂拾［J］.晋阳学刊，2009
（1）.

［70］张维佳，张洪燕.远指代词"兀"与突厥语［J］.民族语文，
2007（3）.

［71］张振兴，张惠英.从山西话的称谓词看古代文明［J］.语文研究，
2003（2）.

［72］郑光.原刊《老乞大》研究 解题·原文·原本影印·索引［M］.
北京：外语教学与研究出版社，2000.

［73］中国社会科学院，澳大利亚人文科学院.中国语言地图集［M］.

香港：香港朗文（远东）有限公司，1987.

［74］中国社会科学院语言研究所. 中国语言地图集［M］.2 版. 北京：
商务印书馆，2012.

［75］周祖谟. 问学集［M］. 北京：中华书局，1966.